여성은
나약하고
가볍고
변덕스럽다는
속설에 대한
반론

여성은
나약하고
가볍고
변덕스럽다는
속설에 대한
반론

가브리엘 쉬송

Gabrielle
Suchon

성귀수
옮김

Petit traité
de la faiblesse,
de la légèreté
et de l'inconstance
qu'on attribue
aux femmes
mal à propos

아를

추천의 글

페미니즘 철학에 초석을 놓은 가브리엘 쉬송은 《여성은 나약하고 가볍고 변덕스럽다는 속설에 대한 반론》에서 여성을 향한 뿌리 깊은 차별과 편견에 물러섬 없이, 비판적이고 철학적인 언어로 맞대면한다.

    쉬송의 글은 많은 페미니즘 작가들이 그러하듯 자기 삶의 구체적 경험과 그에 대한 성찰에서 출발한다. 하지만 그 성찰이 향한 현실의 부조리함은 한탄이나 교정의 대상에 그치지 않고 명철한 분석을 통과해 새로운 사유를 길러 올리는 힘이 되며, '여성의 자율성'과 '독립적 삶의 선택권'에 대한 제안으로 이어진다. 결혼과 종교라는 제도 바깥에서 여성이 자유로운 삶을 선택할 자유의 가능성을 역설하는 쉬송의 글은 시몬 드 보부아르의 《제2의 성》을 비롯한 현대 페미니즘의 핵심 쟁점과도 연결된다.

당대의 습속과 불화하며 시대를 앞서간 이 책은 발굴되어 다시 읽히는 고전일 뿐 아니라, 쉬숑이 숨 쉬고 글 쓴 17세기로부터 300여 년이란 시간을 뛰어넘어 비혼, 비출산, 여성의 자기 결정권을 둘러싼 동시대의 상황과 얽히며 지금 우리와 맞닿는다.

김은주(서울시립대 인문학연구소 교수)

17세기, 아직 '페미니즘'이란 말이 등장하기도 전, 가브리엘 쉬송은 여성에게 전가되던 '나약함', '가벼움', '변덕스러움' 같은 부정적 속성이 신이 부여한 본질이 아니라 사회적, 종교적으로 만들어진 족쇄임을 날카롭게 간파했다. 이 위대한 철학자는 남성 중심 담론 안에서 철저하게 잊혔다가 1970년대 제2물결 페미니즘과 함께 발굴됐다. 그런 그의 저작이 2025년 마침내 한국에도 정식으로 소개된다.

"탄탄한 논리와 신빙성 있는 인용에 근거한 나의 논지를 반박하기란 쉽지 않을 것이다." 쉬송은 책을 시작하면서 이렇게 썼다. 이 자신만만함은 허세가 아니다. 거침없이 앞으로 나아가는 힘 있는 필치는 독자를 꽉 쥐고 놓아주지 않으며, 역사에 대한 해박한 지식과 부당한 차별에 대한 분노, 그리고 생기 있는 유머는 페미니즘 사상의 근원적 힘이 어디에서 시작되었는지 확인시켜준다. 가히 '프로토-페미니스트proto-feminist'라 할 만하다.

손희정(문화평론가)

나약함, 가벼움, 변덕스러움은 인간의 조건이지 여성만의 특성도 남성만의 특성도 아니다. 이 책 《여성은 나약하고 가볍고 변덕스럽다는 속설에 대한 반론》은 이러한 진실을 설파하는 것을 넘어서, 인간 본래의 취약성과 변화를 재해석한다. 300여 년 전 프랑스에 살았던 여성 철학자 가브리엘 쉬송은 남성(성)과 여성(성)은 사회 구조에 의해 만들어지는 규범이지, 실제가 아님을 간파했다.

    이 책은 여성으로서의 위치성이 차별과 편견에 균열을 일으킬 지적 자원이 될 수 있음을 증명하는 좋은 예이다. 여성의 관점으로 남성 중심적 언어를 해체한 쉬송은 서양 철학 전반을 비판적으로 꿰뚫으며 페미니스트의 지적 '탁월성'을 가감 없이 보여준다.

하지만 나는 이 책이 단지 페미니즘 도서로 분류되어 읽히는 것을 거부하려 한다. 이 책은 오랜 세월 동안 인간을 과잉 대표해온 특수한 성, 그리고 남성이 전유해온 '지식'에 대해 거의 최초로 도전하고 나아가 '인간'의 범주를 확장시킨 보편적인 철학서로 읽혀야 한다.

정희진 (여성학자)

가브리엘 쉬숑Gabrielle Suchon의 초상(1694년)

"이 여인이 바로 그 첫 번째 인물이라, 지금 입으로 말하는
신성한 예언자들이여, 옛날의 신탁을 펼쳐 보이라—
거울 속에 비추어진 자신을 맹세하듯 바라보았고,
그 정신을 노래로, 그 형상을 동판에 새겼노라."

여성에게 세 가지 위험한 속성—나약함,
가벼움, 변덕스러움—을 전가하는
부당함에 대하여

일러두기

- 이 책은 17세기 프랑스의 도덕철학자이자 초기 페미니즘 철학proto-feminist philosophy의 기초를 놓은 가브리엘 쉬송Gabrielle Suchon(1632-1703)의 책 *Petit traité de la faiblesse, de la légèreté et de l'inconstance qu'on attribue aux femmes mal à propos*(1693)을 한국어로 옮긴 것이다.
- 본문의 그림과 주석은 모두 옮긴이가 추가한 것이다.

역자 해설

최초의 페미니스트

가브리엘 쉬송은 여성의 삶과 자유의 문제를 도발적으로 성찰한 최초의 프랑스 '페미니즘' 철학자이다. 물론 17세기에 '페미니즘'이란 용어나 개념은 어디에도 존재하지 않았다. 그럼에도 그녀가 써나간 논쟁적 글들이 여성이란 존재의 존엄을 지향하는 지식사知識史의 흐름에 의미 있는 물꼬를 텄다는 점에서, '최초의 페미니스트proto-féministe'라는 호칭은 그 위상을 가늠하기에 결코 무리가 아니다.

중세에서 르네상스로 이행하던 시기에 유럽에서 일어난 많은 변화 중에는 '여성성'의 정치,

15

사회, 문화적 본질에 관한 문제의식의 발현 또한 적잖은 비중을 차지했다. 이른바 '여성 논쟁querelle des femmes'이라 불린 전례 없는 사회 현상은 가부장제의 지배 논리에 종속된 여성의 존재 가치를 재평가해보자는 의식이 광범하게 부상하고 있었음을 보여준다. 크리스틴 드 피장Christine de Pizan의 《여인들의 도시La Cité des dames》(1405)를 시작으로, 바르톨로메오 고지오Bartolomeo Goggio의 《여성찬양De laudibus mulierum》(1487), 하인리히 코르넬리우스 아그리파Heinrich Cornelius Agrippa의 《여성의 고귀함과 우수성에 관하여De nobilitate et praecellentia foeminei sexus》(1529), 마르탱 르 프랑크Martin le Franc의 《여인들의 챔피언Le Champion des dames》(1530) 그리고 마리 드 구르네Marie de Gournay*의 《남자와 여자의 평등Égalité des Hommes et des Femmes》(1622)과 같은 혁신적인 텍스트들이

---

* 미셸 에켐 드 몽테뉴Michel Eyquem de Montaigne(1533-1592)의 《수상록Les Essais》을 편집, 출간(1595년판)한 편집자이기도 하다. 몽테뉴는 생전에 자신의 애독자였던 그녀를 '수양딸'이라고 불렀다.

남성의 전유물로 여겨지던 지식 담론의 장에 '여성 문제'를 적극 끌어들이고 있었다. 주목할 점은 그 모든 글이 사회적 약자의 옹호를 넘어 인권의 본질(자유, 지성, 자주)을 토대로 한 철학적 깊이를 확충해나가고 있다는 사실이다. 남녀 성평등을 논하는 차원을 뛰어넘어, 어떻게 하면 인간이 참다운 방향으로 나아갈 수 있는가를 고민하는 길목에서 '여성 문제'와 만났다는 뜻이다. 쉬송의 이 책 《여성은 나약하고 가볍고 변덕스럽다는 속설에 대한 반론》(이하 《반론》은 이 책을 지칭함)에서 빈번하게 공명하는 형이상학적이고 윤리적인 메시지를 단순한 수사로만 볼 수 없는 이유이다.

※

가브리엘 쉬송은 프랑스 부르고뉴 지방 지역 유지의 가문 출신이면서도 사회생활의 관문과 같은 사교계 출입을 일절 하지 않았을뿐더러, 당대 이름 있는 지식인 그룹과의 소통에도 관심을 두지 않았다. 대신 엄청난 양의 독서와

이를 토대로 시대와 사회의 모순을 꿰뚫는
사색이 그녀의 벗이자 스승이었다. 어린 시절에
가족이 강제로 입소시킨 수녀원 생활을 견디다
못해 그녀가 취한 행동은 혈혈단신 교황청을
찾아가 자신의 강요된 수녀 서원 파기 절차를
공식 요청하는 일이었다. 결국 청원이 받아들여져
수녀복을 벗게 된 그녀는 곧장 고향을 떠나
남은 반평생 아이들을 가르치고 마음껏 글을
쓰면서 독신으로 살았다. 생애 마지막 저작인
《자발적 독신에 대하여Du célibat volontaire》(1700)는
결혼과 종교라는 제도적 장치에서 여성 스스로
왜, 어떻게 벗어나야 하는지를 역설하고 있으니,
세상의 통념과 치열하게 싸워나가는 자유인의
삶을 실존과 이론 모두를 통해 보여준 셈이다.
'철학'이라는 것은 그녀에게 삶의 조건을 넘어
사색과 저술을 통한 적극적인 '투쟁'을 의미했다.
그녀의 독자적이고 미래 지향적인 글쓰기의
결과물들은 바로 그러한 이유에서 실존주의가
고개를 드는 20세기에 들어서야 본격적인 조명을
받기 시작했다. 크리스틴 피장에서 시작하여
20세기 중반 시몬 드 보부아르로 이어지는,

이른바 '젠더 투쟁'의 역사에서 가브리엘 쉬숑이라는 존재가 가장 급진적인 여성의 목소리 중 하나로 자리매김하는 이유이다.

그녀는 '체제'가 여성에게 부과하는 고정관념의 과감한 타파를 호소한다. 그녀의 글쓰기는 여성이란 존재를 옭아매는 기존 이론과 담론을 해체해, 그것들이 자명한 것이라 치부해온 전제와 숨은 의도들을 적나라하게 폭로한다는 점에서 '포스트모더니즘'의 가치를 예시한 텍스트로도 높이 평가받는다. 《반론》(1693)과 같은 해에 발표한 《윤리와 정치에 관한 논고Traité de la morale et de la politique》(이하 《논고》)에서는 여성도 남성과 마찬가지로 높은 수준의 지적 능력을 갖추었으며 덕성과 의지로 충만한, 얼마든지 자율적인 존재일 수 있음을 주장한다. 특히 기성 가치를 구축하는 지식 체계에 대한 접근성과 관련하여 여성에게 허용되는 교육과 참여의 사회적 제약을 통렬히 비판하고 있다.

《논고》가 제도와 현실에 대한 이의 제기라면, 《반론》은 그것들을 정당화하는 논리와 사상에 더 깊숙이 펜촉을 겨눈 도전장이라 할 수 있다.
문제는 여성이 스스로 사회가 정하는 모습,
즉 '나약함'과 '가벼움', '변덕스러움'의 구도에
맞춰 자신을 인지하고 믿는다는 사실이다. 모든
굴종은 강제가 아닌 설득과 그에 대한 자발적
수용(이른바 '가스라이팅')을 통해 이루어진다는
에티엔 드 라 보에시Étienne de La Boétie(1530-1563)의
주장이 떠오르는 대목이다.

고정관념에 바탕을 둔 이런 강박적 태도를
깨트리는 쉬쏭의 글쓰기는 유연함을 넘어
현란하기까지 하다. 그녀는 기독교 사상과
고대 철학 사상을 자유자재로 오가면서 자신의
논지를 펴나간다. 예컨대, 원죄의 책임을
여성에게 전가하는 기독교적 도그마에 대항하여,
자손 번식에서 남성의 능동적 역할을 강조한
아리스토텔레스의 이론을 대비시킴으로써,
결국 인류의 타락을 아담의 책임론으로
몰아간다. 게다가 이브의 반항적이면서 호기심
강하고 능동적인 자세와 비교해 남성인 아담의
태도야말로 나약함의 본보기가 아니겠느냐고

꼬집는다. 풍자와 역설의 감칠맛 나는 문체가 읽는 즐거움을 주는 한편, 동시대 여성들을 향해 끊임없이 던지는 자기 인식과 자기 계발의 호소야말로 《반론》의 핵심 메시지이다. 그런 메시지에 부합하는 여성상을 쉬송은 '강하고 아름다운 여전사 아마조네스'의 이미지로 그려낸다. 남성이 독점해온 용기, 과단성 등의 가치가 인간 전체의 덕목에 속함을 자각하여, 단지 여자라는 이유로 배척당해온 삶의 영역(자유, 학문, 권력 등)에 당당히 나설 때, 강인한 여성의 신화가 비로소 현실로 입증된다는 것이 《반론》의 요지이다.

《반론》은 《논고》와 함께 한 권의 책으로 묶여 세상에 나왔다. 하지만 처음 이 문헌에 대한 사람들의 시선은 싸늘하다 못해 무관심에 가까웠다. 여성 저자의 파격적인 논지는 물론, 여성 독자만을 특정한 직설적인 어조가 유럽 지성계의 주류인 남성들의 심기를 거스르기 충분했을 것으로 후대 연구자들은 분석하고 있다. '여성 논쟁'이 한창이었다지만, 참여자

대다수는 남성 지식인이었다. 그들 눈에는, 공격이든 설득이든 남성을 대상으로 하지 않고 여성의 자의식을 직접 자극하여 각성을 유도하겠다는 취지 자체가 낯설 뿐 아니라 충분히 '위험하게' 다가왔을 법하다. 쉬송만의 도발적인 글쓰기 방식은 그런 의미에서 지금 읽어도 묘미 있고 통쾌하다.

※

이제 《여성은 나약하고 가볍고 변덕스럽다는 속설에 대한 반론》의 한국어 번역을 마무리하며, 작은 기대 삼아 이런 생각들을 해본다.

무엇보다 이 작은 책자가 페미니즘 사상의 뿌리를 탐색하는 유용한 자료이길 바란다. 앞서 언급한 대로 쉬송의 저작은 중세와 현대를 관통하는 여성 인권의 도저한 투쟁사에서 중요한 이론적 연결 고리였음이 밝혀진 상태이다. 무려 300여 년 전 프랑스의 한 고독한 여성 철학자가 성평등과 교육권을 날 선 언어로 주장했다는 사실만으로도 한국 사회의 젠더 담론에 신선한 영감이 되어주지 않을까 싶다. 쉬송의 고민은, 역시 앞에서 언급했듯, 단순히 남녀평등의 문제라기보다 '자기 삶의 주인으로서 보편타당한 길 찾기'라는 철학적 명제로부터 출발했음이 분명하다. 이 점이 우리 사회의 청년 세대를 포함하여 여성 인권에 관심 있는 모두의 가슴에 깊은 울림으로 다가가길 바란다.

2025년 7월
성귀수

서론

과연 놀라운 일이 아닐 수 없다. 신이 아담의 갈빗대를 꺼내 여자를 만들어 모든 점에서 그와 동등한 동반자로 돕고 살아가게 했음에도 불구하고, 남자들은 여성만의 가치를 존중하지 않고 끝없이 능멸하여 아예 공존 자체를 포기한 듯하니 말이다. 그들은 (내가 《윤리와 정치에 관한 논고》에서 지적한 것처럼) 정신적으로나 육체적으로나 온갖 제약과 무지, 의존의 틀에 여자를 묶어 실생활의 이득에서 배제할 뿐 아니라 툭하면 폭력적인 언사를 일삼아 그 존재를 깎아내리기 일쑤다. 세상이 여성에게 전가하는 좋지 못한 속성 중 흔히 꼽는 것이

'나약함', '가벼움', '변덕스러움'이다. 여자들에
대한 남자들의 언어폭력은 하나의 거대한 습속이
되어 상대가 기분 상할 거라는 생각조차 없이
무분별하게 자행되고 있다.

    강한 힘과 끈기와 강직한 성격은 누구에게나
뛰어난 자질로 평가받기에 남자가 자기 능력껏
그런 자질을 탐하는 것은 놀랄 일이 아니다.
놀라운 사실은 남자가 여자에게 피해를 줘가며
그런 자질을 독점하겠다고 나선다는 점이다.
인간 본질에 있어 동등한 지분을 소유한
존재인 여자들이 그 오랜 세월 지독한 괄시를
당연시하는 풍토 속에서 어찌하여 반발할 생각을
하지 않았는지 정말 모를 일이다. 여자란 그저
온건한 자세로 고통과 모욕과 분노와 팔자를
대수롭지 않게 삭여 넘기는 것이 최선이라는
'도사님'의 가르침이라도 있었단 말인가!

이런 현실을 생생히 실감하면서도 여자들이
꿋꿋하게 버텨온 데에는 다 그만한 이유가
있다. 남이 손가락질한다고 해서 내가 나약하고
가볍고 변덕스러운 존재가 되는 건 결코 아니며,

모든 게 단지 적들의 악의적인 조작에 지나지
않음을 여자들 스스로 아주 잘 알고 있었다.[1]
많은 남자들이 자기 안에서 느끼는 무언가를
여자들에게 기꺼이 전가하는 모양인데, 그런
식으로 여성이란 존재에 흠집을 내면 자신들의
결함이 지워진다고 믿는 듯하다. 하지만 실상은
여성이 고통과 박해를 견디며 굳건히 자신을
지켜나가는 동안 남성은 자신의 결함에서 한
걸음도 벗어나지 못하고 있다. 편견에 사로잡힌
정신은 결코 쉽게 생각을 바꾸지 못하며, 그 뻔한
감정적 조류를 뒤바꾸려면 아주 강력한 동기들이

---

1 이 글에는 '여성의 적敵'이란 개념이 자주 등장하는데, 오늘날 '여성혐오자misogyne/misogynist'라는 용어로 지칭되는 부류가 이에 해당한다. 중요한 사실은 저자 자신이 여성혐오misogynie와 '남성우월주의phallocratie' 사이에 선을 뚜렷하게 긋고 있다는 점이다. 이른바 권력의 논리에 입각한 남성우월주의는 여성혐오 담론에 기대지 않고도 얼마든지 주장될 수 있는가 하면, 여성혐오 담론을 퍼뜨리는 사람 또한 반드시 남성우월주의자일 필요는 없다. 예컨대 플라톤의 철학은 다분히 남성우월주의적이지만 전혀 여성혐오적이지 않다. 저자는 남성의 여성혐오 성향에서 심리적 공포증에 기반한 반사적 투사를 읽어내는데, 남자들이 자신에게 내재하는 결함을 자각하기 시작하면서 일종의 방어기제로 그 결함을 여자에게 투사한다는 것이다.

필요하다. 오류에 처박힌 진실은 편견의 어둠을
걷어내야만 눈에 드러나는 법. 그렇기에 나는
이 작은 글을 통해 여성이 나약하고 가볍고
변덕스럽다고 너무 쉽게 말하는 자들의 저의를
파헤치고, 그 연장선상에서 여성에 내재하는
강단과 의지와 끈기를 드러내 보이고자 한다.

1장에서 나는 사람이란 몸이 약해도 정신은 강할
수 있다는 사실, 아주 강하고 튼튼한 육체를
가진 자들이 오히려 허약하고 불안한 영혼의
소유자인 경우가 허다하다는 것을 보여줄
생각이다. 또한 인간에겐 타고난 나약함이
있는가 하면 악습에서 오는 나약함도 있다는
점을 밝힐 것이다.
    2장에서는 강함의 의미에 대해 논한다. 나는
그것을 세속적 관점, 깨달음의 관점, 그리고
태생적 관점에서 고찰할 예정이다. 서로 다른
관점들로 강함이란 자질을 저울질해볼 때 여성이
중요한 위치를 점하지 못할 이유는 어디에도
없다는 것이 나의 견해다. 나는 여러 근거와
사례를 들어 그 점을 명확히 규명할 것이다.

3장에서는 가벼움이라는 개념을 다룰 텐데, 그것의 육체적 의미와 정신적 의미를 생각과 말과 행동으로 환원하여 설명할 것이다. 그런가 하면 가볍고 변덕스러운 모든 것에 반하는 의지와 진중함에 관해서, 나는 그것이 자기만의 감정에 대한 책임과 결기를 뜻할 뿐 아니라 험난한 세상사를 꿋꿋이 버텨나가는 성실한 삶의 태도까지 의미한다는 점을 4장에서 지적할 것이다. 여자들이 남자들보다 훨씬 더 많은 괴로움을 견디며 살아가기에, 나는 여자들에게서 '흔들리지 않는 근성'을 배제할 타당한 근거를 도무지 찾을 수 없다.

사람이 가볍다는 것과 변한다는 것은 얼추 같은 성질을 말하는 듯 보이기에, 나는 그것이 사실상 어떻게 다른지를 5장에서 설명할 것이다. 아울러 가벼움에 대한 비난으로 '정당한 변심'까지 매도해서는 안 된다는 점을 드러내 보이겠다. 6장에서 나는 근기根氣, 즉 끈기의 미덕을 논할 텐데, 이는 인간의 모든 행위를 완성하고 그 절정을 장식하는 힘이라 하겠다.

마지막 7장에서는 강하고 의로우며 끈기

있는 품성의 진수를 보여준 여성들의 몇 가지
사례를 간략하게 짚어볼 것이다. 이런 모범적
사례에 관한 언급은 일부 관심 있는 식자들에
의해 장황하게 기술된 경우가 대부분이라 그
모든 내용을 일일이 거론하기보다는 요점을
정리하는 정도로도 여성의 가치를 부각하기에
충분하리라 생각한다. 탄탄한 논리와 신빙성
있는 인용에 근거한 나의 논지를 반박하기란
쉽지 않을 것이다. 나는 여성을 옹호하는 옛
현인들의 지혜로운 말씀을 여자들이 실생활에서
어떻게 구현해왔는지를 보이고자 노력했다.

남자들이 여자들을 매도하는 태도에는 많은
모순점이 도사리고 있어서 그것이 이성과 정의와
진실이 아닌 편견과 광기에 기대고 있음을
간파하기란 어렵지 않다. 예컨대 여자의 가벼움과
변덕을 탓하던 남자들이 별안간 여자들은 일단
감정에 사로잡히면 집요하기 짝이 없다며 혀를
내두른다. 그런데 이런 지적들은 서로 심히
모순적이라 어느 하나가 문제 됐다면 다른 점을
동시에 문제 삼을 수 없는 것이다. 이를테면

가벼움이란 덥고 습한 기질에서 비롯해 사람을 들뜨고 산만하게 만듦으로써 진중하고 안정적인 행보를 방해하는 성향이다. 반면 집요함은 보통 차갑고 건조한 기질에 속하며, 사람이 이리저리 동요하지 않도록 다잡아주는 성향을 일컫는다. 요컨대 이들은 빛과 어둠처럼 본질적으로 상반되며, 한 개인 안에 공존할 수 없는 성질이다.

    이렇듯 여성의 적들이 여성을 비난할 때 그 논리적 근거가 희박함을 보이기란 어려운 일이 아니다. 그들은 자신의 주장을 뒷받침하느라 계속해서 무리수를 둘 뿐 윤리적이고도 자연적인 차원에서 서로 한참 동떨어진, 심지어 양립 불가한 성질들을 억지로 꿰맞추느라 결국에는 어처구니없는 자가당착에 빠지기 일쑤다. 그들이 근거로 내세우는 여성의 결점들은 서로 앞뒤가 맞지 않기에 나로선 일일이 논박할 필요가 없을 정도이다.

다만 이 글에서 나는 여성이 나약하고 가볍고 변덕스럽다는 속설에 대하여 그것이 논리와 권위, 실증에 근거하지 못해 부적절한 주장이라는 점을 밝히는 데에만 집중할 생각이다. 내 말은 대체로 그렇다는 얘기다. 어떤 여자들에겐 그와 같은 결함이 있을 수도 있다. 하지만 그와는 비교할 수 없을 만큼 많은 여자가 강하고 올곧으며, 진중하고 용감한 인생을 살아간다. 폭력에는 폭력으로 저항할 권리가 인정되는 만큼 악의적으로 매도당하는 여성을 아무리 강하게 옹호한들 그것이 질타받을 일은 아닐 것이다. 모욕적인 언사를 견고한 논리로 받아친다면 이 글의 정당성은 자연스레 확보될 것이다.

사람들이 아무리 여성을 매도해도 그 때문에 여성이 죄인이 되는 것은 아니며, 실컷 폄훼한다고 해서 완벽한 여성의 품성에 흠이 가는 것도 아니다. 하지만 상대가 묵묵히 있으면 늘 그것을 자제력과 온건함보다는 뭔가 떳떳지 못해서 그러려니 하는 자들이 있기 마련이라, 집요하게 여성을 힐난하고 모독하는 것에 대해 반박하는 일은 매우 중요하다.

여성이 오늘날까지 자기방어에 적극 나서지 않았다고 해서 결함을 인정하는 것으로 섣불리

결론 내려서는 안 되는 이유가 두 가지 있다.
먼저, 너무 노골적인 비방은 그에 일일이 말로
대응하기보다 무시하고 넘김으로써 더 쉽게
패퇴시킬 수 있다는 점이다. 여성의 취약함이
의심되는 분야에서 강하고 믿음직하며 근성 있는
존재가 되기 위해 노력해온 여성일수록 겉으로
애써 자신을 정당화하는 일에는 그다지 신경 쓰지
않는 법이다. 그럴수록 더 나약하고 당당하지
못한 모습으로 비치기 때문이다.

실생활에서 떳떳하게 즐거움을 누릴 정당한
자유가 박탈될 수 있다는 점을 여자들은
모르지 않는다. 가령 정신의 가장 큰 자산인
지식의 습득을 위해 필요한 학문적 수단이
차단된다든지, 정치와 권력으로부터 소외될
수 있다는 사실 말이다. 그렇더라도 남자들이
여성을 마냥 나약하고 가볍고 변덕스러운
존재로만 몰아갈 수는 없다. 언제까지나 세간의
이야기를 악용해 여성의 진정성과 가치에
흠집을 내긴 어려운 법이다. 오히려 그럴 때마다
여자들은 무시로 일관하여 자신의 강한 정신력을

보여줄 것이며, 올곧은 행실로 심지를 확고히
하고 고결한 근기로 참다운 인생을 장식할
것이다.

혹자는 숱한 세월 동안 이렇다 할 항변 없이
견디다가 갑자기 여성을 두둔한다며 나에게
곱지 않은 시선을 보낼 수도 있다. 그런 이들에게
나는 부탁한다. 법적으로 대응하지 않았을 뿐,
여자들은 늘 온화하면서도 지혜로운 방식으로
불만을 표출해왔다는 점에 주목해달라고. 일부
능력 있는 여성들의 경우 그와 같은 법적 조치를
아예 취하지 않은 것은 아니다. 다만 결과 여부에
상관없이 그때마다 남성이면서도 상대의 입장에
진지하게 관심을 가져준 이들의 찬사와 응원을
여자들은 만족스럽게 받아들였다.[2]

    요컨대 여성을 비방하는 자들의 오류를
지적할 근거가 부지기수이지만, 일단 우리는

---

[2] 아마도 프랑수아 풀랭 드 라 바르François Poulain de la Barre의 저서 《양성평등에 관하여De l'égalité des deux sexes》(1673)를 염두에 두고 하는 이야기일 것이다. 이 책은 쉬숑의 《윤리와 정치에 관한 논고》 서문에서도 중요하게 언급되고 있다.

강렬하면서 표현력 넘치는 언어를 동원해 그들을 설득할 필요가 있다. 이 경우, 여성의 가치를 두둔하기 위해 글을 쓴 여러 특출난 인물들의 감정을 전달하는 것이야말로 여성에 대한 편견과 반감을 효과적으로 잠재울 방법이 되어줄 수 있다. 이 작은 책에서 내가 하려는 일 또한 그것이기도 하다. 분명히 말하지만, 앞으로 읽을 글들은 일시적 충동이나 환상이 아닌, 이성과 정의감과 형평성의 관점에서 집필되었다.

차례

역자 해설 · 최초의 페미니스트 ——— 15
서론 ——— 25

1 나약함에 대하여 ——— 39
2 강함에 대하여 ——— 63
3 가벼움에 대하여 ——— 78
4 의지에 대하여 ——— 95
5 변한다는 것에 대하여 ——— 103
6 끈기에 대하여 ——— 110
7 여성은 강하고 의로우며 끈기 있다 ——— 115

결론 ——— 125

비가 悲歌 ——— 129
찬가 讚歌 ——— 131

연보를 대신하여 ——— 134

1
나약함에 대하여

나약함이란 인류 전체의 타고난 성질이다.
그런데도 어찌하여 세상이 남성보다 여성에게
이를 더 특별하게 적용하는지, 나는 그 이유를
모르겠다.

남자와 여자의 본질을 들여다보건대, 신이 그
둘을 무無에서 끄집어내 완성의 형식으로서
각자에게 영혼을 부여했음을 알게 된다. 그것의
내용인 물질이라고 해봐야 최초 남성의 몸을
구성하는 재료가 흙먼지인지라, 바람이 불면
흩어질 수밖에 없는 나약하고 불안정한 성질임을
우리는 모르지 않는다. 반면 신이 직접 아담의

몸에서 떼어내 여성을 만들 때 사용한 재료가
단단한 갈비뼈라는 사실은 여성이 강한 근성을
물려받은 존재임을 암시한다. 〈창세기〉 1장은
주님이 "당신의 모습으로 사람을 창조하시되,
남자와 여자로 창조하셨다."라고 말한다. 이는
정신과 힘, 용기가 남녀 모두에게 깃들어 있으며,
전자가 후자를 상대로 다투어 그것을 독점할
권리가 있음을 말하지 않는다. 성별의 다름은
인류의 번식을 위해서 그리고 원활하고 유연한
사회 운영을 위해서 신이 마련한 일종의 질서이지,
강자와 약자를 구분하거나 잘나고 못난 이를
가르는 기준이 아니다.

'나약함'이란 단어는 매우 광범한 의미를 담고
있어 하나의 대상에 여러 방식으로 적용될 수
있다. 따라서 그것을 제대로 이해하기 위해
단어의 쓰임새를 세분해가며 합리적이면서
정확한 용례를 파악할 필요가 있다. 가령 어떤
사람이 몸은 약하나 정신은 강할 수 있다. 반면에
체질은 건강한데 판단력이 부실한 경우도 있다.
거칠고 과격하게 남을 대하다가도 상대가 강하게

나오면 언제 그랬냐 싶게 소심하고 비굴해지는 이들…. 겁먹고 도망치는 사람에게는 무섭게 달려드나, 고함지르고 맞서는 사람 앞에서는 쏜살같이 내빼고 마는 악어라는 동물을 닮았다. 그런가 하면 되도록 무난하게 살려고 조심성을 발휘하나 막상 남이 도발하면 결연히 맞서는 자들도 있다. 요컨대, 실상은 나약함의 소치임에도 용기와 강함의 발로로 인식되는 일들이 세상엔 참 많다. 이들을 구분하려면 천성적인 나약함에서 습관과 버릇에 따른 나약함을 분리해 바라볼 줄 알아야 한다.

    인간을 이루는 형상과 물질 모두가 공평하게 배분되는 것이 자연의 이치인 이상, 우리는 인간의 나약함이 남성보다 여성에게 보편적인 형질이라거나 또는 그 반대일 수는 없다는 결론에 이르고야 만다. 그럼에도 나약함의 문제를 놓고 합리적 근거 없이 남성이 여성을 집요하게 폄훼하는 일이 벌어지므로 내가 남성에게 유리한 점들을 고의로 무시한다는 오해가 없도록 이 자리에서 그 결론의 근거를 명백히 밝히는 게 좋겠다.

남녀 두 성별의 기원과 관련하여,
남자들은 여자들의 나약함을 주장하기 위해
아리스토텔레스의 견해를 즐겨 끌어댄다.
자연은 조금이라도 더 완벽에 가까운 형질을
골라 생산하고자 한다는 것이다. 그들은 먼저
남성을 세상에 낳되, 그게 여의찮을 경우 여자를
세상에 낳는 것이 자연의 속성이라고 말한다.
결국 남성을 만들어내는 것이 여성을 만들어내는
것보다 더 많은 생기와 활력을 요구한다는
얘기다. 이를테면 삭풍이 몰아칠 때 남성을
출산하는 것이 더 수월한 이유는 외부의 추위가
체내 열을 안으로 더 응집시키기 때문이며, 이와
반대로 생산 과정이 덜 힘든 여성의 경우는 더운
바람이 체력을 무디게 만들어 몸이 나른해지는
시기에도 형질을 갖추어 태어나기가 어렵지
않다는 설명이다.[1] 나아가 아리스토텔레스는
적어도 생명의 형성과 그 출생 과정에서 여성이
생물을 구성하는 요소 중 가장 가벼운 비중을

---

[1] 아리스토텔레스, 《동물의 부분들에 대하여 De partibus animalium》, 5장 12-14절.

차지하는 '질료'라면, 남성은 존재를 완성하는 '형상'에 해당한다고 주장한다. 아울러 동물의 몸에서 강도剛度와 건강을 창출하는 뼈를 놓고 볼 때, 여성보다 남성의 것이 더 단단하다는 사실을 강조하고 있다. 히포크라테스의 견해에 따르면, 남성은 오른쪽 옆구리에 비중을 두고서 신체가 형성되었고, 간에 근접한 덕분에 열이 많은 그쪽 부위에서 상대적으로 더 많은 활력과 생기를 끌어 쓴다고 한다. 반면 여성의 몸은 왼쪽 옆구리의 비중이 크므로 반대의 논리에 따라 더 연약한 기질이 나올 수밖에 없다.

여성을 형성하는 원리가 남성을 만들어내는 원리에 비해 부실하다는 주장은 결국 여성보다 더 큰 남성의 신장과 체격, 더 빠른 걸음걸이, 무거운 짐을 더 잘 들고 힘겨운 일을 더 잘 해내는 남성의 능력을 정당화하는 논리로 비화한다. 이에 더해 인간의 본질을 더 일찍 구현한 존재로서 남성은 더 뜨겁고 단단하고 건조한 기질을 가졌으며, 그로 인해 더 강한 힘과 건강을 향유한다는 주장이 따른다. 심지어 남성은 해괴한 사고를

라파엘로 산치오, 〈아테네 학당〉(부분)
플라톤(좌)과 아리스토텔레스(우)

겪지 않는 한 더 긴 수명을 누린다고도 한다.
반면 여성이란 존재는 그 차갑고 축축한 기질
때문에 남성만큼 활동적이고 튼튼한 몸을 가질
수 없다. 이런 모든 차별적 논리가 강함과 약함의
구분을 확정하는 것이다.

   여성을 신체적으로 나약하게 보고자
하는 남성들은 또 다른 논리로 여성의 정신적
나약함을 주장하기 마련인데, 그 결과는 신체적
결함보다 더 유감스러운 양상을 띤다. 인간이
범하는 죄만큼 인간성의 나약함을 대변하는
것은 없기에, 소위 '원죄'라 부르는 것이 다른
모든 죄의 근원이므로 최초의 여성이야말로
인류의 모든 불행의 원인이라는 주장을 줄기차게
내세우는 것이다. 여성이 정신적으로 너무
나약해 사악한 뱀의 유혹에 넘어갔고, 그 때문에
인간의 자손이 불행의 나락으로 추락해버렸다는
논리이다.

그런 논리로 여성을 힐난하는 자들은 결국
세상 모든 죄를 거론하면서, 여자란 정신적으로
나약하기에 남자에 비해 별 저항 없이 죄의

유혹에 빠진다고 주장한다. 그들은 여성이
앙심을 품거나 시기하고 탐욕을 부리는가 하면,
애정이 지나쳐 교태에 이르는 경우 모두가
본질적인 나약함에서 기인하는 것이기에 스스로
아무리 애써봐야 그에 저항하기 힘들다고 한다.
또한 여성 특유의 소심한 기질은 언제 닥칠지
모를 불상사에 골몰하기 마련이어서 딱히 방어
수단을 찾지 못한 채 생각이 만들어내는 온갖
고통에 시달린다고 지적한다. 그리고 이는
약간의 허영이나 사소한 만족을 대단한 행복인
양 상상하는 기질과도 통한다고 낮잡는다.
요컨대 여성의 지성이라고 해봐야 워낙에
빈약해서 지극히 사소한 일로도 판단이 흐려지고
사고가 무력해진다는 것이 여성 폄훼론자들의
논지이다. 혈액과 담즙, 우울감을 비롯한 언짢은
기분들은 여성을 쉽게 흥분시키고 빈약한
정신력을 뒤흔들어놓는다. "연약한 이들은 험한
길을 걸었다."라는 옛 예언자의 말씀[2]이야말로
여성을 두고 한 말이니, 그만큼 대다수 여자는

---

2 〈바룩서〉 4장 26절.

계몽이 덜 된 탓에 별것 아닌 시련에도 무너지고 만다.

반론

아리스토텔레스와 히포크라테스가 만약 여성의 기질을 놓고 이처럼 나약함의 기원을 운운하는 수준의 글들만 남겼다면, 그들은 철학과 의학의 거장으로 남을 수 없었으리라. 그들의 가르침은 매우 훌륭하고 아름다운 사상을 담은 만큼 가치 있으며, 여성에게 불리하게 원용될 일부 사소한 내용으로 유명한 것이 아니다. 진실을 말하자면, 지금까지 내가 인용한 견해들을 면밀하게 검토해볼 때 아주 거짓이라고는 못해도 그 진의가 상당히 의심스러운 경우가 태반임을 알 수 있다. 남녀가 세상에 나는 원리와 관련하여 저명한 현인들의 가르침과는 상반되는 일들이 꾸준하게 발견되기 때문이다. 사소한 사안이나 너무 당연한 사례는 제쳐두고 요점만 정리하자면, 인간의 기질에서 강함과

약함의 문제는 두 가지 관점으로 고려해야
한다는 것인데, 첫째는 태어나면서부터 부여받는
기질로 보는 관점이고, 둘째는 그 기질을 다루고
조작하는 차원에서 보는 관점이다.

흔히 주장하듯 여성을 나약한 존재로 볼
수만은 없다는 주장에 동의하기란 그리 어렵지
않다. 오히려 여자가 남자의 평균 수준보다
더 크고 강한 신체를 타고나는 일이 적잖다.
특히 장기간에 걸쳐 힘든 일을 해내면서 역경을
헤쳐나가는 근성으로 보자면, 여성의 능력과
자질이 남성보다 결코 못하지 않다. 무엇보다
감당하기 어려운 산고의 고통을 여성만이
짊어지게 한 걸 보면, 여성을 나약한 존재로
몰아가는 부당함에 자연 그 자체도 반대 입장인
것 같다.

    인간의 기질이란 민감한 자연의 선물이기에
실생활의 단련을 거쳐 다듬어지지 않으면
금세 변질하고 만다. 분명 강한 자질을 가지고
태어난 사람이 어느새 쇠약한 상태로 전락하는
이유이다. 리쿠르고스와 플라톤 등 많은 위인은

공화국의 처녀들이 평소 달리기라든지 격투기, 창던지기 같은 운동을 통해 기초적인 체력 단련에 매진해줄 것을 권장했다. 그래야 훗날 잉태할 아이가 건강한 신체를 모태로 삼아 보다 강건한 존재로 태어난다는 주장이었다. 강한 자질을 갖춘 여성은 임신과 출산의 고통을 더 쉽게 감당할 수 있고, 유사시 아이와 아이의 조국을 지키기 위해 어떤 위험도 무릅쓸 거라고 보았다. 요컨대 여성도 남성과 다름없는 강한 육체와 정신력을 갖추길 바랐던 것이다. 이들 위인은 나약함이 남성보다 여성의 본질에 더 어울린다고 생각할 아무런 이유가 없으며, 결국 운동이 부족한 탓에 여성이 남성보다 다소 약해 보일 따름이라는 것을 직감으로 인지하고 있었다.

젊고 강한 신체를 소유했으면서도 일을 하지 않는 사람에 비해 늙고 왜소한 체격이지만 평소에 노동으로 단련된 사람이 고통을 견디는 능력에서 훨씬 앞선다는 사실을 히포크라테스는 잘 알고 있었다. 갈레노스[3] 역시 노동을 오래 한 신체 부위가 다른 부위보다 더 강해진다는 의학적 견해를 분명히 했다. 이상 두 위대한 현인의 가르침은 실생활의 체험을 통해 충분히 확인된 상태이다. 예컨대 오른손잡이의 신체 오른편이 왼편보다 강한 이유는 평소 그쪽을 더 많이 사용하기 때문이다. 반대로 왼손을 의식적으로 많이 사용하다 보면 어느새 신체 왼편이 좀 더 능동적으로 변함을 느낄 수 있다.

신체의 다른 부분과 별반 다를 것 없는 살갗임에도 거의 항상 겉으로 드러내놓고 사는 얼굴은 크게 문제가 되지 않는 데 반해, 옷으로 가리는 신체 부위는 혹한에 무방비로 노출될 경우 질병을 초래하기 십상이라는 사실은 단련과 습관의 힘을 방증하는 단서이지 않을까?

인도나 브라질, 카나리아 제도, 아메리카 등지의 풍속에 관한 기록을 살펴보는 것만으로도 여성을 나약한 존재로 치부하는 것이 얼마나 근거 없는 발상인지 이해할 수 있다. 그곳의 여성들은 아무런 도움 없이 분만을 하고,

---

3 클라우디오스 갈레노스(129-199?). 히포크라테스 이래 최고의
  의학자. 그가 정리한 방대한 의학 체계는 중세 유럽을 지배했다.

분만하자마자 아무렇지 않게 일어나 일터로 나간다. 그들은 우아한 용모에 신경 쓰는 유럽 여성들을 비웃으며 우거진 숲이나 들판을 거리낌 없이 쏘다닌다. 태어난 아기를 집에 놔둔 채 밭을 일구고 나무를 하는 등 온갖 고된 일을 해치운다. 인도의 여러 지역에서 남편들은 유럽의 아내들이 그러하듯 우아한 자세로 기대 누워 호사스러운 대우를 누린다. 이것만 봐도 그 먼 나라 남성들이 얼마나 무모한 자들인지가 적나라하게 드러나긴 하지만…. 어쨌든 명확한 근거 없이 여성을 나약한 존재로 치부하는 게 크나큰 오류임은 분명해 보인다.

옛날 그리스 여성들은 사회가 자신들을 강하고 혹독하게 다루는 것에 그치지 않고 자신의 아이들까지 엄격한 방식으로 키워주길 바랐다. 그들은 아이들이 배내옷과 요람에 파묻혀 지내지 않도록 했고, 홀로 어두운 공간에 적응함으로써 두려움을 극복하도록 이끌었다. 귀족들이 스파르타 출신 유모를 열심히 찾은 이유가 바로 거기에 있었다. 자기 아이들을 되도록 강하고 용맹하게 키우고 싶었던 것이다.

그러한 사정은 오늘날 아이를 키우는 유럽의 여성들도 크게 다르지 않다. 신은 인간을 서로 다른 종으로 창조하지 않았다. 세상이 인간을 받아들인 이래 성별이 존재하는 하나의 종만이 생존해왔다. 마음만 먹으면 세상 어디서든 남자들 못잖게 고되고 험한 일을 해내는 여자들을 발견할 수 있다. 우리가 여성에게 전가하는 나약한 기질이란 여성의 신체나 정신이 아니라 우리 자신의 편견에 내재하는 본질일 가능성이 크다.

죄라는 것이 워낙 현저한 나약함에서 비롯하기에, 남자들은 틈만 나면 여성을 세상에서 매일 벌어지는 죄악의 근본이자 원흉으로 몰아붙인다. 그래야 자신들이 저지르는 잘못을 쉽게 합리화하고 비난을 피할 수 있으니 말이다. 이쯤에서 여성의 입장을 옹호해줄 긴요한 논리와 증거를 제시한 현자 두 분을 모셔보자. 첫째, 토마스 아퀴나스다. 그는 이브가 죄를 지었더라도 아담이 따라서 죄를 짓지 않았다면 원죄라는 것이 온 인류에게 퍼져나가는 일은 없었을 거라는 논리를 폈다. 반대로 최초의 여성이 죄 없이 깨끗하고 오직 남성만 신의 계명에 작정하여 반기를 들었다면 그의 죄는 후대 전체를 오염시키기에 충분했을 것이라 했다. 남자가 저지르는 죄악의 행태란 너무 실질적이어서 온 인류가 그로 인해 불행에 빠질 것은 불 보듯 뻔하다는 얘기다. 원죄란 항상 능동적인 원리로 전파되는 법. 평범하게[4] 잉태되고 태어난 모든 존재가 그에 감염되는 것은 시간문제일 테니 말이다. 결국 남자가 죄 없는 상태를 고수했더라면 최초 여성의 타락과 방종이 인류에게 전달되는 일은 없었을 것이다.

베르나르 드 클레르보[5] 성인 역시 여성의 결백을 옹호하는 강력한 논리를 제공해주신다. 경건한 교부께선 남자가 여자를 비난할 이유는 더 이상 없을 거라면서, 지금까지는 단지 자기

---

4 앞서 생명의 형성과 그 출생 과정에서 여성이 차지하는 비중을 낮게 본 아리스토텔레스의 견해를 비꼬는 어조로 다시 환기하고 있다.

5 베르나르 드 클레르보Bernard de Clairvaux(1090-1153). 12세기 로마 가톨릭의 수도자이자 신비주의 사상가.

죄를 덮기 위해 여자를 부당하게 몰아붙여
왔음을 지적한다. "신이여, 당신이 제게 준
여자가 선악과를 권했나이다. 저는 그걸 먹었을
뿐이에요." 그렇게 말하는 아담은 여자의
잘못으로 타락한 뒤, 이제는 여자를 핑계 삼아
그 타락에서 벗어나려 하고 있다. 성인은 외친다.
"뭐라고요, 아담? 여자가 과일을 권했고, 당신은
그걸 먹었을 뿐이라니. 그런 간교한 말은 당신의
잘못을 지우기는커녕 더 악화할 뿐입니다. 한
여인은 다른 여인의 자리를 대신함으로써 죽음
대신 생명을 만드는 자로 당신을 거듭나게 할 수
있습니다. 그러니 지금 그 변명의 말을 감사의
기도로 바꿔야만 합니다."[6]

교회가 받드는 성인 중에서도 지식과 신앙이
손꼽는 경지에 이른 이 위대한 두 인물에 맞서
그 누가 여성을 폄훼하고 모욕할 수 있을까?
결국 동의할 수밖에 없을 것이다. 원죄는 최초의
남성이 타락해서 벌어진 일이며, 인간의 나약함은

---

6 〈'루카복음' 1장에 관한 설교집〉 제2권.

귀스타브 도레, 〈에덴동산에서 쫓겨나는 아담과 이브〉(1865)

그 타락의 결과에 불과하다는 사실을.

    인간 정신의 나약함이란 무엇보다 죄의 길로 빠져들 때 드러나기 마련인데, 끊임없이 되풀이되는 세상사에 툭하면 휩쓸리면서 욕망의 준동에 저항할 생각을 하지 않는다면 누가 그의 손을 들어주겠는가. 대다수 여성의 행실은 남성에 비해 건전하고 절제된 편이라 혼탁한 세상에 만연하는 비행과 추문으로부터 일정한 거리를 유지하기 마련이다. 설사 기질적으로 격렬하고 과격한 열정을 소유한 여자라 해도 솔직히 말해 남자의 일탈에 비할 정도는 아니다. 세상 돌아가는 이치를 살피건대 남자들이 자신의 힘을 구축하는 행태야말로 나약함의 본상임을 깨닫게 된다. 결투라든가 복수, 끈질긴 집착과 무절제, 방종은 다 어디서 오는가. 반면 여자들의 세계에서 약함이라 치부되는 것은 오히려 영웅적인 힘이 발휘되는 모습들 가운데 있다. 여자들이 뒤로 물러설 때, 외로움을 견디고 절제하며 감내할 때, 가혹한 고통과 극심한 불행을 견뎌낼 때의 바로 그 힘 말이다. 그런 상황을 이겨내기 위해서는 타고난 기질과 충동을

맹종하는 남자들보다 훨씬 더 강한 용기와
미덕이 필요하기 때문이다. 성 아우구스티누스가
로마 시대 철학자이자 정치가 카토를 언급하면서
그는 강해서가 아니라 끈기가 부족했기에 스스로
목숨을 끊었다고 평한 건 바로 그 때문이다.
카이사르의 승리를 시기하고 안달하기보다는
현실을 인고하며 버텨냈다면 자결하지 않았을
거라는 취지다.[7] 그는 말한다. "강함은 어디서
오는가?" 힘에 의존하는 자는 힘이 무너져
본래의 자신만 남는 순간 주체할 수 없는 상태가
되어 고통에 휘둘리고 만다.

이른바 두려움이랄지 소심함, 부끄러움과
수치심에서 여성적인 나약함의 소재를
찾으려는 사람이 있다면, 그런 것들의 본질이
순수하고 단정한 마음가짐과 흠결 없는
교육에서 비롯한다는 사실을 떠올릴 필요가

---

[7] 마르쿠스 포르키우스 카토 Marcus Porcius Cato Uticensis(BC.95-46).
카이사르에 맞서 공화정을 지키려다가 패배하자 그 사실을
받아들이지 못하고 스스로 목숨을 끊었다.

있다. 나약하고 미숙하기 때문이 아니라
교양과 미덕의 자질이 그 모두의 원인이라는
뜻이다. 아리스토텔레스는 가르친다. 창피를
느끼는 마음이 부족한 것은 사람이 뻔뻔하고
파렴치하기 때문이며, 적절하게 부끄러워할 줄
아는 사람을 우리는 나약하고 소심하다기보다
진솔하고 겸허한 존재로 봐야 한다고.[8] 자고로
두려움이란 고통을 강요하는 상황에서의 도피와
탈주를 촉발하는 감정이며, 이는 남녀 모두에게
공통되는 사정으로 간주해야 한다. 다만 여성이
느끼는 두려운 감정은 인위적인 교육에서
비롯되기도 한다는 점이 특별하다. 많은 힘과
활동량을 요구하는 일에서 일정한 거리를 두고
성장하기 마련인 여성만의 관습이 무엇보다 큰
작용을 한다는 얘기다. 그보다 더 거칠고 깨어
있는, 좀 더 자유로운 환경에서 성장한 여자들의
행동 양식을 보면 흔히 여성의 특성이라 여기는
소심함과 나약함이 단지 제한된 삶의 조건
때문에 빚어진 현상임을 알 수 있다.

---

[8] 《니코마코스 윤리학》, 1권 2장.

옛날로 거슬러 올라가면, 흔히 생각하듯
나약함과 소심함이 결코 자신의 본질일 수
없음을 보여주는 여성들의 사례와 끝없이 마주칠
것이다. 고결한 로마 여성들을 이끌고 적진을
탈출하는 데 성공한 클로엘리아[9]의 용기 앞에서
여자를 제멋대로 폄훼하는 자들은 당장 할 말을
잃고 말리라. 기원전 508년 로마와 클루시움의
전쟁에서 평화 조약의 일환으로 클루시움에
인질로 잡힌 그녀는 다른 여자 인질들을 이끌고
테베레강을 건너 필사의 탈출에 성공했다.
클루시움의 왕 포르세나는 당장 그들을
반환하라고 요구했으나 클로엘리아를 직접
만난 뒤 그녀의 의지와 용기에 탄복해 오히려
인질의 절반과 함께 그녀를 후하게 대접하여
풀어주었다고 한다. 나라 전체가 대범하고 강한
여자들로 똘똘 뭉친 사례를 들자면 스파르타의
여인들을 살펴보는 것으로 충분하겠다. 이들은

---

9 기원전 6세기 로마의 전설적인 여성. 전쟁 포로로 에트루리아
  (이탈리아 중부에 존재하던 옛 나라로 클루시움은 이곳의 도시였다)에
  잡혀 있다가 다른 여자 포로들을 이끌고 테베레강을 건너 탈출에
  성공했다.

줄리오 보나소네,
〈말을 타고 테베레강을 건너는 클로엘리아〉(1545?)

기도와 의식을 행하는 중에 난데없이 공격해
들어오는 적의 군대를 힘을 합쳐 궤멸시켜버렸다.
옛날 스코틀랜드에서는 임신 중이 아니거나 너무
늙지 않은 여자들을 군인으로 징집해 전쟁터로
내보냈다. 역사의 기록에 따르면 스키타이족은
자기 딸이 적의 목을 한 번이라도 베기 전까지는
결혼도 시키지 않았다고 한다.

스스로 강하다 자부하면서 공공연히 여성의
나약함을 지적하는 남자들에게 권하고 싶다.
여자가 그런 당신을 어떻게 대하고 있는지 유심히
관찰해보라고. 결국 당신은 여자가 남자를
어린애처럼 다루고 있음을 금방 알아챌 것이다.
여자는 진중한 미덕과 지혜, 정신력으로 남자의
마음을 끌어당기려고 굳이 애쓰지 않는다.
여자는 화장과 장신구, 가벼운 몸단장의 기법을
활용할 뿐이다. 진지한 공감과 매력으로 마음을
움직이기보다는 화려한 의상과 머리 모양, 애교
어린 표정과 말투로 호기심을 자극할 따름이다.
그런 허술한 무기들을 동원해 여자는 강력한
삼손의 힘을 굴복시켜왔고, 장난감만 쥐여

주면 마냥 즐거운 어린애처럼 삼손은 얌전히
무릎을 꿇었다. 요컨대 남자는 견고한 이성과
논리, 고도의 지성이 아닌 가볍고 달콤한 유혹의
힘으로 언제나, 너무나도 쉽게 여자의 포로가
되고 만다.

2
강함에 대하여

여성에게 뒤집어씌우는 나약함의 문제를
다루면서 그 근거 없는 실태를 보여주었으니,
이제 강함에 대하여 살펴볼 차례다. 나약함이
어쩔 수 없는 단점과 결함인 만큼 그 반대인
강함은 누가 뭐래도 훌륭한 미덕이다. 이제
여자를 나약하다고 밀어붙일 수만은 없는 이상,
강함의 실체인 '힘'의 존재를 부정당하는 여자의
부당한 처지부터 고발할 필요가 있겠다.

보통 "강하다"고 할 때 우리는 정신과 육체,
마음에 내재하는 '어떤 힘'을 생각하기 마련이다.
고통스럽고 괴로운 일들에 맞서고 이겨나가게
해주는 과단성 있는 '힘' 말이다. 자고로

강함이라는 것은 용기 있게 헤쳐나가든 의연하게
버텨나가든 역경의 고통 속에서 발휘되는
것이어야 한다. 오만한 마음에 발끈해서가
아니라 현명하고 신중하게 운용되어야 하는 것이
바로 강단 있는 힘이다.

    토마스 아퀴나스는 힘이란 선善을 지향하며
이성에 부응하려는 적극적인 의지의 습관이라고
했다. 걷잡을 수 없는 정념과 잡념의 농간에
맞서 올곧은 태도를 유지할 때 정신은 그만큼
강해진다. 성직자에게 물어보라. 힘이란 삶의
고통과 죽음의 엄혹함을 견디게 해주는 성령의
은혜라 할 것이다. 철학자에게 물어보라. 힘이란
삶의 우여곡절을 흔들림 없이 버텨나가게
해주는 윤리와 미덕에 있다 할 것이다. 유사
이래 내로라하는 현자들은 왜 모두 종교와
철학에 매달리는가. 그만큼 인생의 고통과
고난, 그 위험천만한 질곡이 인간의 힘과 용기를
단련한다는 뜻이리라.

정녕 이겨내고 극복해야 할 난관과 위험을
직시하지 않은 채 무모하게 광분하는 것은

성 토마스 아퀴나스의 초상.
도미니코 연구소, 미국 워싱턴 D.C.

강함의 발로라 볼 수 없다. 흔히들 강한 힘을
발휘해야 한다고 여기는 세 가지 중요한
상황이 있다. 정치적 상황, 군사적 상황 그리고
종교적 상황이다. 하지만 나는 정치인의
용의주도함이랄지 군인의 투지와 용맹, 종교인의
고행과 금욕 같은 것에서 인간의 강함이
발현한다고 보지 않는다. 내가 생각하는 강한
힘은 자연에서 우러나는 '근원적인 자질'에
속한다.

    누구든 인간의 고결한 덕성을 흠모할
수 있지만 실제로 이를 갖추는 것은 타고난
자질의 도움 없이는 거의 불가능하다.
그렇기에 플루타르코스 같은 현인은 말하기를,
정의감이랄지 자제력 같은 덕성은 개인의 의지로
키울 수 있겠으나 진중함이나 정신적인 힘은 각자
타고난 자질에서 오는 것으로, 인간의 근원적
품성에 달린 문제라고 했다. 요컨대 그러한
내면의 품성은 원한다고 누구나 얻을 수 있는
게 아니라는 뜻이다. 사람이 진중하려면 정신이
안정되고 분별력이 있어야 하며, 강함 또한 한
곳에 굳건히 자리한 마음의 자세가 필수다.

한 인간이 큰일을 이루려면 근원적인 품성이 반드시 전제되어야 한다. 이를 갖추지 못한다면 그의 존재는 아무리 파종해도 수확이 어려운 불모의 땅과도 같다. 그 누가 병약한 몸에서 힘든 노역을 구할 것이며, 소심한 마음에 용기 있는 결단을 바라겠는가.

정신적 힘과 육체적 힘은 서로 많이 다르다. 가령 전자가 끈기에서 크게 드러난다면 후자는 행동에서 그 절정을 확인할 수 있다. 육체의 힘은 고되고 어려운 일에 자발적으로 뛰어드는 활력을 형성하며, 정신의 힘은 그렇게 시작한 일을 포기 없이 이어 나가는 근기가 되어준다. 둘 다 단련을 통해 완벽에 다가감은 물론이다. 육체의 힘은 꾸준한 운동과 노동을 통해서 커간다. 정신의 힘은 보이지 않는 난관과 시련을 집요한 사고와 끈기로 헤쳐나갈 때 성장한다. 사람의 능력이란 오로지 그 능력을 사용함으로써만 더 강해지는 자질이다. 남자들이 흔히 내세우는 힘이 그들만 독식하는, 그리하여 여성을 자연스레 배제하는 기회로서 악용되는 이유가 바로 거기에 있다.

기회만 갖춰진다면 남자 못잖게 강해질 수 있는 존재가 여성이란 얘기다. 타고난 능력은 남자나 여자나 마찬가지다. 남자 중에서도 여자를 무색하게 할 만큼 약하고 여린 존재가 허다할뿐더러, 여자 중에서 역시 남자를 능가하는 활력과 강단의 소유자가 적잖다.

도덕이 그러하듯 강한 힘은 행동만큼이나 감정을 다루는 태도에서도 드러난다. 타인을 도발하고 공격하는 것 못잖게 그 적의와 상처, 분노를 추스르고 관리하는 데서도 강함의 여부가 결정된다. 타인을 공격하는 것은 보통 자만과 무모함에서 기인하는 법. 그것만큼 강함에 반하는 악덕이 또 있을까. 예로부터 현자는 이런 영감 넘치는 말씀으로 우리를 가르쳐왔다. "분노에 더딘 이는 용사보다 낫고, 자신을 다스리는 이는 성채를 정복한 자보다 뛰어나다."[1] 아리스토텔레스 역시 《윤리학》에서 말하기를, "화나는 일을 쉽게 참아낼수록 진정 강하고 용기

---

[1] 〈잠언〉 16장 32절.

있는 사람이며, 어렵게 견딜수록 소심하고 나약한 사람"이라 했다.

고생을 견뎌내는 습관을 통해 우리는 강하고 담대해진다. 두려움의 임계치를 높여나가다 보면 어느새 우리는 더없이 혹독한 시련도 너끈히 극복하고 있는 자신을 발견하게 된다. 고난과 역경 속에서 한 인간의 강함이 느껴지는 까닭은 그것이 인간에 내재하는 용기와 대담성을 자극하기 때문이다. 무모함이야말로 강함과는 거리가 먼 속성임을 가르치기 위해 아리스토텔레스는 강한 사람이 고수해야 할 위치를 두려움과 대담함의 중간 어디쯤으로 설정한다. 다시 말해, 일부러 역경을 자처하지도 말 것이며, 그렇다고 역경을 두려워해서도 안 된다는 것이다. 두려움이 고난을 예상하는 태도라면, 강함은 고난을 제어하고 정복하는 자세다. 따라서 진정한 강함은 눈앞의 고통은 물론 향후 있을 고난에도 효과적으로 대응하는 힘에서 온다. 강한 사람의 힘은 나약함을 떨쳐낼뿐더러 무모함을 경계하는 미덕이기도

하여, 위험을 미리 인지하고 그것을 피해 가는
지혜로서 자신을 드러낸다.

토마스 아퀴나스는 강한 사람과 무모한 사람의
차이를 이렇게 지적했다. 전자는 앞으로 닥칠
위험과 대책에 대한 치밀한 숙고 없이는 그
무엇도 섣불리 시도하지 않는다. 시작은 더디나
한번 개시한 일은 초지일관 밀어붙이는 이유가
거기에 있다. 반면 후자는 무슨 일이든 대차게
시작하지만, 시간이 갈수록 그리고 약간의
어려움만 있어도 주춤하면서 속도가 느려진다.
건강한 육체가 험악한 환경을 굳건히 버텨나가듯
강한 정신은 예기치 않은 불운에 개의치 않고
꾸준한 삶의 자세를 견지한다. 우리 안에
변덕스러운 성질을 다스리는 정신력은 언제
어디서 닥칠지 모를 삶의 변천에 일희일비하지
않는다.

나는 앞 장에서 삶의 거칠고 힘겨운 상황을
여성이 너끈히 헤쳐나갈 수 있고, 그렇기에
이들을 나약한 존재로 치부하는 것이 얼마나

부당한지를 '근원적 자질'의 관점에서 충분히
해명했다. 이제부터는 여성이 세상 더없이
번거롭고 골치 아픈 상황을 능숙하게
타개해나가는 존재이기에 그 강단과 의지를
부정할 합당한 근거가 있을 수 없다는 점을
'정치적 수완'의 관점에서 이야기해볼 것이다.
만약 여성이 그와 같은 자질을 갖추지 못했다면
지금 그들에게 부과된 막중한 책임을 소화하지
못할뿐더러, 여성이라서 감당해야 하는 고충들을
견디고 있지 못할 것이다. 세상 살아가는 이치로
볼 때 남에게 지시하기보다는 복종하는 것이,
군림하기보다는 굴복하는 것이, 나아가 법을
만드는 일보다는 곧이곧대로 따르는 일이
훨씬 더 힘들고 괴롭다는 사실에는 의심의
여지가 없다. 그런 모든 사정을 감안하고 세상
더없이 힘겹다는 여성의 숙명을 고려한다면,
여성이야말로 (여성의 적이 생각하는 것과는 딴판으로)
굳건한 미덕과 비상한 힘을 갖출 필요가 있음을
인정해야 할 것이다.

    소위 '정치적 수완'이 필요한 삶의 큰 틀을
고려할 때[2] 우리는 여성이란 존재의 열악한

사정과 굴종, 불평등으로 인한 고충을 돌아보게 되며, 이때 강함이란 그런 상황을 불평 없이 꿋꿋하게 버텨내는 미덕에 불과함을 확인하게 된다. 예컨대 종교적 틀 안에서 여자들은 자연의 감정이나 깨어난 이성의 빛과 동떨어져 너무나 화나고 무모한 상황에 놓이곤 한다. 모든 여자의 감각과 정신이 향유해야 마땅한 쾌감과 행복을 종교가 박탈하기 때문이다. 또한 결혼이라는 틀에 갇힌 여자들은 남편의 멸시와 의심에 시달리면서도 한결같은 존경과 순종, 애정의 미덕을 견지해야만 하지 않는가. 자상하게 살펴주기는커녕 이기적인 태도로 일관하여 걸핏하면 증오심만 들쑤시는 남자들 앞에서 아무렇지 않은 듯 표정을 관리하는 것 이상으로

---

2 여기서 '정치적'이란 표현을 통해 저자가 논하고자 하는 여성의 불가피한 조건은 크게 두 가지, 종교라는 틀frame과 결혼이라는 틀이다. 이때 제3의 가능성은 허용되지 않는다는 점이 골자이다. 저자는 《자발적 독신Du célibat volontaire》이라는 또 다른 책에서 제3의 가능성을 '중도'라는 개념으로 설명한 바 있다. 여성이 자유로운 개인으로서 자립할 수 있는 대안이 곧 '독신'이며, 이는 결혼도 수녀원도 아닌 이른바 인생의 중도中道를 의미한다는 주장이다.

여자들에게 허락되는 힘이 과연 있을까?

옛날에 세네카가 말하기를, 아무 고생 없이
모든 것을 풍족하게 가져서 굳이 강한 힘을
발휘할 필요가 없는 사람을 신들은 좋게 보지
않는다고 했다. 그렇다면 오늘날 여자들은
온갖 열악한 사정을 감내하면서 강해져야 하는
처지이기에 그만큼 더 신들에게 훌륭한 평가를
받아 마땅하다. 반대로 여자가 감내하는 고생과
노고를 당연한 팔자로 생각해 따로 칭찬할
필요가 없다고 한다면, 그건 아주 잘못된 논리일
터다. 누구든 안락함보다 고생을 통해 미덕이
드러날 때 강하고 완벽한 인간일 가능성이 훨씬
더 크기 때문이다. 우리는 그와 같은 사례를
삶의 온갖 국면에서 확인한다. 힘겹게 물살을
저어 나가는 뱃사람, 생사를 오가며 전장을
누비는 군인, 숨이 턱에 차도록 자기와의 싸움을
놓지 않는 육상선수, 삶의 현장에서 땀 흘리는
모든 노동자. 다들 고난과 고통을 밑거름 삼아
강건한 존재로 거듭나는 인간들이 아닌가.
여성도 마찬가지다. 끊임없이 힘겨운 처지, 이성과

세네카 흉상(17세기)
프라도 미술관, 스페인 마드리드

양식에 반하는 상황들을 겪는 가운데 꾸준히
정신력을 가다듬어 버텨나가는 존재가 바로
여자들이다. 그럼에도 회의적인 사람들은 이런
일반론에 시큰둥할 것이요,[3] 그 모든 경우를
미덕의 소산이기보다 관습의 결과로 치부할
것이기에 이제 누구도 부정하지 못할 명백한
사례를 들어보겠다.

플루타르코스가 많은 이야기를 하고 있으나,
그중 비상한 강단에 관한 사례 단 하나만으로도
여성에게 내재하는 불굴의 용기를 입증하기에
충분할 것이다. 전설에 의하면 덕성과 미모를
모두 갖춘 키아네라는 왕녀가 한밤중에 술
취한 자기 아버지에게 능욕당했는데, 그로
인해 신들의 노여움을 사 나라 전체가 치명적인
역병에 시달리게 되었다. 관리들이 나서서

---

[3] 예컨대 스피노자의 《정치론》 중 다음과 같은 대목이 그렇다.
"경험으로 볼 때, 여자들의 처지는 그들의 타고난 나약함에서
비롯한 것이다. 어디를 둘러봐도 남자와 여자가 대등하게
세상을 지배하는 법이 없다. 항상 남자가 지배하고 여자는 그에
순종한다. 남녀 양성은 그런 식으로 서로 평화롭다."

아폴론의 신탁을 청하니, 돌아온 답변은 친족 강간범을 신들 앞에 제물로 바쳐야만 재앙에서 벗어날 수 있다는 것이었다. 이 신탁의 의미를 간파한 왕녀는 아버지 키아니포스의 머리카락을 움켜잡아 제단 앞으로 끌고 나온 뒤 신탁에 따라 가차 없이 목을 베었고 그 직후 같은 방법으로 자살했다. 그녀 자신은 법으로 처벌받을 죄를 짓지 않았음에도 불구하고 말이다.[4]

비슷한 사례는 더 있다. 로마 시대에 카눌리아라는 여인이 친오빠로부터 그와 유사한 폭행을 당했다. 그녀는 치욕을 감내하며 계속 살아가기보다는 스스로 신들 앞에 목숨을 바치는 길을 택했다.

레오니다스 왕의 아내인 고르고의 발언을 보면 예로부터 여성이 세간의 주장대로 늘 나약한 존재만은 아니었음을 확인할 수 있다.

---

4 출처인 《소小 평행 열전Parallela Minora》은 17세기에 플루타르코스의 저작으로 여겨졌으나, 오늘날엔 플루타르코스의 이름을 빌린 '의사pseudo' 저자들의 텍스트로 간주된다.

하루는 어느 외국인 여자가 그녀에게 스파르타의 여인들이 어떻게 그 거칠기로 유명한 남편들을 휘어잡는지 비결을 물었다고 한다. 이에 대한 왕비의 대답은 간명했다. "애당초 진정한 남자를 낳고 키울 줄 아는 건 우리 강한 스파르타 여성뿐이거든요."

3
가벼움에 대하여

헤라클레이토스는 이런 명언을 남겼다. "인간은 두 번 똑같은 강물에 몸을 담글 수 없고, 어떤 생물체도 두 번 똑같은 상태에 머물 수 없다. 가벼움 속에서 그것들은 흩어졌다 모이고, 나타났다가는 사라진다. 이제 막 나기 시작하는 것은 결코 완성에 이르지 못하니, 세상에 나는 것이 종점에 다다르듯 멈추거나 끝날 수는 없기 때문이다." 세상 만물이 끊임없는 변천을 피해 갈 수 없다는 진리를 철학자는 우리에게 말해주고 있다. 가벼운 것은 스스로 자기 위치를 벗어나 자연스럽게 움직인다는 그의 또 다른 발언 역시 같은 진리를 이야기하고 있다. 반대로 무거운

것은 항상 낮은 곳, 그 부동성의 중심으로 향하는
속성에서 벗어날 줄 모른다. 세네카 또한 비슷한
교훈을 우리에게 가르친다. 그는 말하기를,
하늘 아래 모든 것은 시간의 흐름을 따르며
우리 눈에 보이는 그대로 머물지 않는다고 했다.
내가 지금 이렇게 "세상이 변한다."라고 쓰지만,
정작 변하는 건 나 자신이다. 너무도 가벼운 어떤
흐름이 모든 인간을 예외 없이 휩쓸어가고 있다.

아우구스티누스 성인은 그런 진실을 놀랍도록
잘 표현했다. "나는 하찮은 존재. 인생은
그림자처럼 흐르고 연기처럼 지나가며 한 떨기
장미처럼 피고 진다."[1] 나의 인생, 앞으로 갈수록
쪼그라들고 실컷 살았나 싶자 죽음이 코앞이니,
참으로 덧없고 허망하다. 더없이 좋다가도 금세
서글픈 게 인생이다. 지금 당장은 만족스러워
보여도 따지고 보면 늘 비참하다. 나는 웃으면서
운다. 산다는 게 그저 가볍고 변덕스럽기만 하다.
나의 그 어떤 모습도 한결같지 않다.

---

[1] 아우구스티누스, 《독백》 2권.

하긴 '가벼움'이란 인간을 포함한 모든 자연
현상에 두루 적용되는 개념일 것이다. 그러나
여기서는 인간의 행실, 삶의 태도에 국한해서
논해보기로 하자.

'가벼움'을 정의하자면, 도무지 진중한 태도를
유지할 수 없게끔 우리를 수시로 흔들어대는
불안정한 기질을 꼽지 않을 수 없다. 인간의
마음이 공기보다 가볍고 물결보다 변덕스러우며
모래보다 잘 허물어진다지만, 사람마다 정도의
차이가 있으며 모든 사람이 다 같은 식으로
흔들리고 무너지는 건 아니다. 사람의 내면에서
일어나는 생각과 욕망의 가벼움은 겉으로
드러나는 언행이나 표정의 가벼움과는 다르다.
가령, 정신의 가벼움이란 그 자체가 너무도
강력해서 오랜 시간 하나의 대상에 붙들어두기가
거의 불가능할 정도이다. 가벼운 정신은 매
순간 방황하면서 잡다한 생각들을 끝없이
헤집고 다닌다. 이를 진지하고 추상적인 사색에
집중하도록 만들려면 어마어마한 노력이 필요할
것이다. 욕망은 어떠한가. 그 또한 한번 불붙으면

필립 드 샹파뉴, 〈성 아우구스티누스〉(1645-1650)

걷잡을 수 없이 분출하여 진중한 판단과 의지를 기대하기에는 너무도 성급한 충동이다. 다만 그 모두가 영혼의 비밀에 속하는 기질이기에 인간은 자신의 사고와 감정, 욕망의 가벼움을 완벽하게 파악하지 못할 뿐이다(인간의 내면은 그야말로 감춰진 심연과도 같아, 이를 꿰뚫고 들여다보기란 불가능하진 않더라도 매우 어려운 일이다).

사람의 언행으로 드러나는 가벼움에는 또 다른 종류가 있는데, 여기엔 크게 두 가지 원인을 꼽을 수 있다. 하나는 깊은 내면, 즉 영혼 자체의 불안정성에서 기인하는 가벼움이며, 다른 하나는 경거망동하는 습관이랄지 무의미한 입버릇이 초래하는 가벼움이다. 그러니 외부로 드러나는 가벼운 행동거지를 언제나 정신적 기질의 문제로 몰아가선 안 된다. 자칫 경솔한 억측에 의존한 잘못된 판단으로 사람 자체를 낙인찍을 수가 있다.

우리가 이 모든 가벼운 행태의 주인공이 누구일지 남자들의 견해를 묻는다면, 그들은 두말할 것 없이 여자들 아니겠냐고 답할 것이다.

여자는 취향이 호락호락해 온갖 세상일에 나서고 진중한 태도를 싫어하며 항상 새것만 선호하는 경박한 정신의 소유자라고 말이다. 나약한 천성 때문인지, 정념에 휘둘려서인지 아니면 겁이 많아서인지, 여자는 무언가를 바라다가도 금세 힘에 부쳐 포기하거니와 마음은 바람과 욕심으로 가득 차 늘 잡념에 시달리는 존재라고 할 것이다.

여자의 정신적인 가벼움을 탓하는 것만으로 모자라, 남자들은 온갖 구실과 논리를 끌어다 댄다. 여성의 다양한 감정 변화에서 드러나는 순진성과 미신, 호기심, 허영심, 조급함과 미숙함을 가벼움과 불가분의 관계로 보는 저의가 바로 거기에 있다. 그에 따르면 여자는 시선을 사로잡는 것에 쉽게 동요하고 자기가 선택했어도 금세 싫증을 내고 마는 존재여야 마땅하리라. 여성의 적들은 이렇게까지 주장한다. 간혹 남자 중에 쉽게 표변하는 사람이 있는데, 임신 중인 어머니가 경망스러운 상상을 일삼은 탓이라고 말이다.[2] 모르긴 해도 남자의 모친이 툭하면 물건을 갈아치우고 화장과 차림새를 바꾸는 여성이었을 거라고 덮어씌운다. 나아가

그들은 여성의 기질이 자연에서 물질이 구가하는
위상과 비슷하다고 주장한다. 물질이 끝모르고
새로운 형상을 취하듯 여성도 보다 나은 친목과
애정을 찾아 방황하기 마련이라고.

  심지어 아득히 먼 옛날 시인들까지 나서서
여성을 중상모략해왔다. 베르길리우스는
여자들이 가볍고 변덕스럽기 짝이 없다며 섣부른
비난을 퍼붓는다. 그런가 하면 남자들의 환심을
사 구애의 대상이 되어본 여자치고 부정하고
헤프지 않은 여자가 없다는 식의 악담을
서슴지 않는 시인도 있다. 스토아 철학자라는
세네카조차 여자들은 하도 경박하여 박색薄色인
경우에나 순정을 기대할 만하다 했다니, 누구를
애써 비난하랴.

남자들이 여자의 정신과 사고, 감정의 가벼움을
트집 잡아 되는대로 헐뜯고 비난하는 속내에는
외양外樣에 민감한 여성의 속성을 물고

---

2 사람의 표정이 수시로 바뀌는 것은 어머니가 그를 임신한
   상태에서 잡다한 망상에 휘둘렸기 때문이라는 흥미로운 가설이다.

늘어지겠다는 뜻이 감추어져 있다. 툭하면
여자의 자연스러운 말과 행동이 가식과 경망의
증거라며 떠들어대는 이유가 거기에 있다.
여자가 옷을 차려입고 머리를 치장하면 마치
수시로 색을 바꾸는 카멜레온 같다는 비난이
쏟아진다. 소심한 영혼 속에 바람만 가득
들어차 그렇다는 것이다. 마찬가지로 옷을
차려입고 치장하고 유행을 좇으면서 끊임없이
표변하는 모습이야말로 그 허황한 바람에서
오는 것이요, 남에게 뒤처질까 두려워하는
저열한 심리에서 비롯한다는 얘기다. 자고로
여자들은 불안과 시기에 사로잡혀 하찮은 일들에
시간을 쏟아붓고야 마니, 힘없고 여린 영혼이
그나마 교태와 거짓말로 세상을 버텨나가려면
그렇게라도 하지 않을 수 없다는 거다. 그 옛날
시인들이 바다의 신 프로테우스를 인간의 허를
찌르기 위해 온갖 변신술을 일삼는 존재로
묘사한 것을 두고, 이야말로 여자에게 딱
들어맞는 우화라며 쾌재를 부른 이유도 거기에
있다. 남에게 좋게 보여 소정의 목표를 이루기
위해서는 자신을 위장하는 길밖에 없을 만큼

헛헛하며 경망한 존재가 바로 여자라는 뜻이다.

반론

인간의 기질이 제아무리 가볍고
변덕스럽기로서니 땅을 단단히, 창공을 드넓게,
태양을 빛나도록 만들어낸 조물주가 자기
모습을 본떴다는 인간에게 바위보다 더 듬직한
정신과 심성을 다져주지 않았을 이유가 없다.
    세상을 움직이는 신의 섭리가 모든 의미에서
완벽하다면 부단한 변천을 용인하는 일 또한
필연일 터. 몸을 타고난 이상 움직임은 어쩔 수
없는 속성이며, 이는 한쪽에서 다른 쪽으로의
이동에 불과하다. 생명체가 생성을 이어가려면
하나가 썩어 다른 무엇으로 탈바꿈해야
가능하다. 변질 없이는 성장이 없고 퇴화조차
변화가 전제되어야 한다. 하나가 늘어나 다른
하나가 줄어듦은 자연의 확립된 질서이며, 그
변화무쌍함이야말로 우주의 아름다움이자
완벽의 요체이다.

단연코 가벼운 존재는 형질이 귀한 만큼 높은 데서 활동하는 법이다. 우리 머리 위의 천체가 바로 그러한데, 경쾌하고 역동적인 질주를 끝없이 이어가 순식간에 수천 킬로미터를 질주한다. 가벼운 원소는 언제나 제일 돋보이는 자리를 차지한다. 불꽃이 항상 위로 솟구치는 이유 역시 그 성질이 극도로 가볍기 때문이다. 혹시라도 그것을 공중이나 땅속에 오랜 시간 가둬두려 하면 금세 공기로 변해 사라져버린다. 공기는 불 다음으로 돋보이는 원소인데, 그에 못잖게 섬세하고 자유분방하여 쉴새 없이 움직인다. 같은 맥락에서 물 가운데 최고는 빗물이며, 강물이나 우물물은 이에 대적할 수 없다. 빗물은 가장 가볍고 경쾌하여 섬세한 물질만 끌어당기는 태양열에 의해 하나로 모이고 손쉽게 기화氣化한다.

가장 가벼운 원소들인 공기와 불에 가까운 기질의 소유자는 흙의 무거움과 물의 차가움을 지닌 사람보다 더 활달하고 섬세하며, 더 예리한 정신을 가졌다. 바람은 눈에 보이지 않을 만큼 날렵하고 자유분방한 몸(성서에서 이를 영靈이라 부르는 이유이다)으로 멈출 수 없을 만큼 빠르고 경쾌한 몸놀림을 발휘한다. 무수한 자연의 경이가 그런 식으로 작동하며, 가벼운 역동성을 통해 온전한 상태를 유지한다.

    가벼운 성질에 관한 이 모든 호평好評에도 불구하고, 물질이 아닌 정신의 영역에서는 사정이 달라진다. 특히 남자들이 여자를 두고 가볍다고 할 때, 그 의미는 야멸찬 욕설과도 같다. 부당한 모욕은 그 안에 담긴 의도에 조목조목 대응함으로써 뒤엎어버리는 길밖에 없다.

첫째, 사고와 감정, 욕망에 대해서라면 '가볍다'는 말만큼 부적절한 어휘 사용이 있을 수 없다. 남자로서는 이해할 수 없는 문제를 판단하겠다는 것이기 때문이다. 분명히 말하지만, 여성이라는 존재의 내면을 파고드는 것은 신의 영역에 속하는 일이다.

    둘째, 결과에서 원인을 유추하듯이 겉에 드러나는 면모를 통해 안에 숨겨진 무언가를 판단하는 거라면, 여성이 가진 장점을 누구라도 단번에 파악할 수 있을 것이다. 여성은 자신을 타박하는 남성들에 비해 모든 상황과 환경에서 안정감을 유지하는 능력이 탁월하다. 사람들의 편견과 달리 여성의 정신이 결코 변덕스럽지 않다는 이야기다. 요컨대 여자의 바람기로 고통받는 남자는 드문 반면, 남자의 가벼운 처신과 배신에 속아 절망하는 여성은 허다하다. 이성과 체험 모두 여성의 편에서 투쟁 중인 이유이다. 그런 뜻에서 플라톤이 일부 제자들에 대해 그들 역시 남자의 자식이기에 머잖아 남자의 경솔한 본성을 드러내지 않을까 걱정이라고 한 건 전적으로 옳은 말이었다. 또한 그는 친구에게 실력 있는 수학 선생을 추천하면서 그가 가진 뛰어난 자질로 "약삭빠른 짐승" 같다는 찬사 아닌 찬사를 덧붙이기도 했다.

    셋째, 여성을 올바로 판단하려면 아리스토텔레스가 제시한 질료와 형상의 비교 문제를 재고할 필요가 있다. 그는 전자를 여성의 속성으로 삼으면서, 그것이야말로 여성의 본질을 구성하는 열등한 요소라 주장하는 한편, 후자는 남성의 속성이며, 남성이라는 결과물로서 드러난 고결한 존재의 핵심 요소라고 주장했다. 하지만

실상은 그 반대로, 남자가 늘 새로운 형상을
찾아 헤매는 불안정한 질료라고 해야 할 것이다.
생뚱맞은 애정 행각에 쉽사리 매료되어 새로운
사랑이 나타나기 무섭게 굳건히 맺은 인연의
끈을 하찮게 취급하니 말이다. 그런데 여자들은
어떤가. 한번 애정을 주고 혼인을 맺으면 그
상대를 여간해선 떠나는 법이 없다.

이처럼 사유가 분명함에도 아리스토텔레스의
권위에 주눅 들어 그의 비유를 반박하지
못하겠다면 그냥 이렇게 대꾸하자. 여성이 새로운
상대를 찾아 변심하는 이유는 그 잘난 형상의
결함 때문이라고. 새로운 대상을 향해 부득이
생각과 감정이 기운다 해도, 이때 마음이 변하고
말이 바뀌는 건 결코 가벼움 때문이 아니라고.
세네카는 말했다. 약속의 조건이 달라져 내가 내
결정을 바꾸는데 당신이 무슨 이유로 놀라는가.
적절하고 합당한 선택의 갈림길에서조차 이미
내린 결정이라며 바꾸지 못한다면, 그리하여 자격
미달인 사람에게 죽자고 매달린다면 그 또한
잘못 아닌가.[3]

지난 시대의 역사를 돌이켜보라. 특히 여성의
애정을 갈구한다는 핑계로 가볍게 처신하지
않은 남자들을 찾기가 쉽지 않으리라. 처음
불붙은 열정이 식고 정념이 충족되고 나면
그들은 새로운 관계를 찾아 나서느라 모든 걸
주저 없이 버릴 테다. 아내를 잃고서 그 아픔을
이기지 못해 죽어간 남자의 사례를 찾기 어려운
이유이다. 반면, 남편의 사망이 초래한 슬픔과
고통 때문에 죽음에 이른 여성은 부지기수이다.
꼭 죽음이 아니어도 함께 유배 생활을 한다든지
감옥에 갇히거나 각종 위험을 무릅쓰는데,
그때마다 굳건하고 의연한 모습을 보여, 모든
난관을 극복하도록 남편을 돕는다. 예컨대
판테아, 아르테미시아, 포르키아, 코르넬리아
같은 여성들[4]에 비할 만한 남성들이 세상에
존재했는가? 충실하고 의연하며 고결한, 그
많은 여성의 이름들만 하나로 모아도 두꺼운
책 한 권 분량은 족히 되지 않을까? 옛날
게르마니아 여자들이 귀감을 보인 것처럼 아이와

---

3 《선행에 관하여 De Beneficiis》, 39장.

남편을 구하기 위해 가진 걸 모두 내팽개치는
올곧은 여심의 사례는 또 얼마나 많은가.
신성로마제국의 콘라트 황제는 게르만족의 도시
몇몇을 치면서 그들에게 가장 소중한 것들을
챙겨 떠나도록 허용했다. 그러나 저 유명한
게르만 여전사들이 바란 것은 부나 일시적
안위가 아니라 오로지 사랑하는 사람들이었다.
그들에겐 다른 무엇도 중요하지 않았다. 결국
그들의 절개는 정복자의 마음을 움직였고, 그
즉시 포로로 잡은 남편과 자식들을 풀어주기에
이르렀다.

누가 감히 '영웅'으로 칭송받는 에포니나의
기개에 놀라지 않을 수 있는가? 그녀는 로마

---

4 판테아는 바빌론의 왕 아브다타스의 아내이다. 남편이 사망하자 깊은 슬픔에 빠진 나머지 명예와 충절을 지키기 위해 자살했다. 아르테미시아(2세)는 마우솔로스의 아내이자 여동생이다. 남편을 기리고자 세계 7대 불가사의 중 하나인 마우솔레움 영묘를 건립했다. 포르키아는 스토아 철학자 카토의 딸이자 브루투스의 아내이다. 정치적 혼란 속에서 남편을 끝까지 지지했고, 남편이 자살한 뒤 스스로 죽음을 택했다. 코르넬리아는 그라쿠스 형제의 어머니이다. 교육과 지혜, 도덕적 가치의 상징으로 여겨지며 아들들을 엄격하게 교육했다.

황제의 추격을 피해 남편 사비누스 장군이
동굴로 숨어들었을 때 모든 것을 제쳐두고 그와
운명을 같이했다. 마침내 남편이 붙잡혀 사형을
목전에 두자 그녀 또한 아무 주저 없이 죽음을
택했다. 이때 황제 앞에서 당당히 말하기를,
자신은 남편과 더불어 어두컴컴한 동굴에서
9년을 살았지만 로마 황제가 누리는 부귀영화
따위와는 비교할 수 없는 행복을 그동안
누렸다고 했다.

간혹 행동과 옷차림과 자세에서 느껴지는
가벼움이 여성만의 속성처럼 여겨지는 이유는
여자가 받은 교육과 이를 둘러싼 부드러운
분위기 탓일 수 있다. 더 정확히 말하면, 남자들이
여성에게서 학문과 일자리, 심각하고 진지한
일에 관여할 기회를 차단하는 등의 부당한
처사를 일삼았기 때문이다. 그 결과 여성의
정신이 때로는 중대한 문제보다 작고 사소한
소일거리에 편중된 것처럼 보이기도 하는 것이다.
여성을 시시각각 표변하는 카멜레온에 비유하는
것은 정말이지 가당찮은 일이다. 여자들이

남자들의 의향을 알아서 살피고, 남자들이
가두고자 하는 틀 안에 얌전히 머문다 한들 어찌
여성을 변신이 특기인 프로테우스에 비유한단
말인가.

물론 이 경우, 여자를 탓하는 듯하면서 실상은
칭찬하려는 의도일 수도 있다.[5] 가령, 인간을
탐구하는 철학자들에게 프로테우스의 이미지는
삶의 다양한 조건에 대해 충분한 명분을 갖춰
유연하게 반응하는 정신의 소유자를 대변하기도
한다. 그만큼 여자들은 언제 어떻게 닥칠지
모를 세상만사에 기민한 정신력과 안정감 있는
판단력으로 신속히 대처할 수 있다.

---

5 여기서 가브리엘 쉬송은 '가벼움'의 또 다른 함의를 강조하려는
   것인데, 이를테면 '기민한 여자'와 같은 표현이 지향하는 가벼움의
   긍정적 차원을 말하고 있다. 하늘에 떠 있는 천체, 불과 공기,
   바람이나 빗물이 이제는 가벼움에 담긴 긍정적 가치들, 즉 정신의
   자유로움과 활력, 그 섬세한 자질을 환기하는 것이다.

4
의지에 대하여

의지와 인내, 끈기는 무엇보다 강한 정신력과
밀접한 관계가 있어 항상 서로 붙어 다니는
사이라 할 수 있다. 의지 혹은 꿋꿋한 심지心志란
그 어떤 난관 앞에서도 굴하지 않고 애초에
계획했던 대로 밀어붙이는 태도에서 드러난다.
그런가 하면 자잘한 일에 일희일비하지 않는 태도
역시 진중한 사람에게서나 볼 수 있는 덕목이다.

영웅적 자질은 하늘로부터 오는 것이어서,
부와 명예가 인간적 노력의 결실이듯 의지는 신이
내려주는 선물일 수밖에 없다. 인간의 불안정한
본질을 다스리는 일은 결국 신의 영역이기
때문이다. 바꿔 말해 신의 의지가 개입하지

않는다면 어떤 인간도 큰일을 결행할 수 없고, 초지일관 미덕의 길을 밟아갈 수 없다.

    사도 토마스는 말하기를, 우리가 미덕이라 부르는 자질에는 세 가지 요소가 필요하다고 했다. 즉 지혜와 의지 그리고 단호한 실천이다. 이 서로 다른 세 가지 능력 중 어느 둘이 특출나도 나머지 하나가 받쳐주지 못하면 효과를 기대하기 어렵다. 가령, 어떤 사람이 명민한 머리와 고결한 뜻을 갖춰도 행동에 뛰어드는 결단이 부족하다면 신이 내려준 능력을 완벽하게 소화했다 말할 수 없다.

인간은 매사에 마음의 안정과 현실의 실리를 함께 추구하기 마련이다. 하지만 이와 관련하여 의연한 자세를 취하지 못한다면 어떤 시도도 성공할 수 없다. 정신력이란 숱한 시련을 견뎌내는 과정에서 얻어지는 무엇이다. 세상을 살아가며 때로는 자기 욕망을 희생하면서도 의연할 줄 모른다면 참다운 정신력, 영적 에너지에 접근할 수 없다. 손쉽고 만만한 길을 걷지 않도록 주의해야 한다. 그런 길은 진중하고 의연한 정신의 소유자에게 어울리지 않는다.

    세네카의 말대로,[1] 결국에는 의지가 실리를 가져다준다. 어떤 상황에 맞닥뜨려서도 경망한 행위를 저지르지 않도록 막아주기 때문이다. 의연한 마음가짐으로 무장한 사람이 전투 같은 일상에서 흔들리지 않는 자세를 유지할 수 있는 까닭은 무엇보다 자기 힘으로 자기 자신을 지킨다는 자신감이 받쳐주기 때문이다. 이 말의 메시지는 특히 남성의 도움을 바라지 않고도 자신을 강하고 안정되게 추스를 줄 아는 여성에게 큰 울림으로 다가갈 것이다. 나날의 삶에 휩쓸려 표류하지 않으려면 험난한 세상 풍파를 굽어볼 만큼 고고한 정신 자세가 필요하다. 그렇다고 해서 의지가 비루한 현실을 떠나 드높은 천상의 영광을 누리고자 하는 마음가짐을 의미하는 것은 아니다. 정신적 가치 추구가 생활화된 여성은 빛나는 갑옷을 착용한 전사처럼 항상 의연한 자세로 세상이라는 무대에 나선다. 그것은 치열한 현실의 생존을 목표로

---

[1] 《도덕 서한집》.

삼는 전략이며, 힘들고 위험한 여정을 패기 있게
버텨내고 저항하는 데 필요한 덕목이다. 이쯤에서
전설 속 보헤미아의 왕인 크로크의 차녀 리부셰의
이야기를 짚고 넘어가는 게 좋겠다.[2] 뛰어난
자질의 소유자인 공주는 사실상 여왕의 자격으로
온 나라를 다스렸다. 그녀는 국모나 다름없는
위치에 있으면서도 만인 평등의 시각으로 모두를
대했기에 귀족들로부터 불만과 시기의 대상이
되고 말았다. 특히 남자들은 일개 여자의 몸으로
그렇게까지 완벽한 인간의 모습을 추구하는
그녀를 좋게 보아 넘길 수 없었다. 그녀가
여자라는 점, 여자가 자기들 위에 군림한다는
사실이 더없이 불쾌했다. 결국 그들은 공주에게
혼인을 강요했고, 귀족들의 구미에 부응하도록
권력을 행사하라고 촉구했다. 이런 상황이
기질적으로 맞지 않았던 리부셰는 혼인 후
얼마 되지 않은 시점에 그만 죽음을 맞았다.

---

[2] 리부셰는 체코 민족의 시조 전설에서 프라하의 창건자로
등장하는 여성 영웅이다. 예언 능력과 함께 정의감과 지혜를 두루
갖추었다. 민중을 위하는 리더십, 민족 통합의 상징으로 거론되며
체코 문학, 오페라, 회화 등 여러 예술 작품의 테마로 등장한다.

한데 여성으로서 그녀가 보여준 의지와 기개는
사망과 더불어 사라지기는커녕 불씨로 되살아나
들불처럼 타오르기 시작했다. 생전 그녀의 모습에
감동한 궁정 여인네들이 주군의 죽음 앞에서
경이로운 각성에 도달한 것이다. 그녀가 아끼던
여종 발라슈케는 궁내 여자를 모두 끌어모아
이렇게 말했다. "우리가 흠모하여 모시던
여왕께서는 살아생전 우리 여자들이 남자에게
굴종하며 살길 바라지 않으셨습니다. 여러분이
무기를 들고 나를 따를 각오가 되어 있다면,
나는 약속합니다. 우리 여성에게도 힘과 권력을
향유하며 살아갈 날이 머잖아 올 것이라고!"
여자들은 남자들 세상에 대항할 것을 천명한 뒤
용맹하게 전투를 벌여나갔다. 마치 알렉산드로스
대왕 시대에 전성기를 누린 아마조네스 전사들을
보는 듯했다. 보헤미아 왕 프리미슬라우스는
계략과 기습을 통해 간신히 이들을 물리쳤을 뿐,
정정당당한 무력과 전면전으로는 감당할 수가
없었다. 이는 12세기의 엄연한 역사적 사실이니,
그처럼 비범한 사례에도 불구하고 여성에게
강단과 의지가 모자라 큰일에 적합하지 않다고

주장하는 사람은 그야말로 어딘가 모자란 자일 수밖에 없다.

고통을 견디는 능력이 당장은 육체적 힘에서 나와도 결국엔 정신적 힘이 발휘되지 않으면 안 된다. 어떤 시련이든 오래, 그리고 제대로 버텨내려면 의연한 마음가짐이 필수이기 때문이다. 어느 그리스 현인이 말했다. 고도의 경지에 이른 사람은 자신에 대한 칭찬과 비난을 같은 마음으로 받아들일 줄 안다고. 세네카 역시 이렇게 말했다. 의연한 삶의 자세로 무장한 사람은 가난과 수치, 고생에 기가 죽어 물러서는 법은 없다고. 현명한 사람은 의연하기 마련이어서 인생사의 빈번한 뜨고 짐에 일희일비하지 않는다. 어쩌다 난관에 부닥쳐도 눈에 보이는 것들 위로 드러나지 않은 핵심을 들여다볼 줄 안다. 세상의 불의와 부당한 처사, 배신, 온갖 오해와 매도 앞에서 발끈하지 않고 의연하게 대처하는 것이 진정한 용기이다.

여성의 지위 상승이 내키지 않을지언정 한 인간의

의연한 자세를 매도해선 안 된다. 얼마나 많은 여성이 능력과 기회를 인정받지 못한 채 험난한 삶을 헤쳐왔는가. 그들의 머리와 가슴은 거센 파도에 내맡겨진 바위처럼 시련을 겪으면서 깎이고 다듬어졌다. 세네카가 잘 표현했듯 고난을 마다하지 않는 용기와 기개, 자신에 대한 신뢰를 잃지 않는 사람의 투쟁은 신들도 유심히 지켜본다.[3] 약자로서 당하는 불의를 거부하고 분연히 일어나 싸우는 여성의 모습은 신의 관심을 끌기 충분하다.

살면서 인간이 겪는 역경과 시련은 외부 요인의 작용만이 아니라 내면에서 비롯한 것이기도 하다. 아리스토텔레스는 《니코마코스 윤리학》에서 말하기를, 인간의 본질이 정신과 물질로 이루어졌기에 우리를 항상 만족시킬 수 있는 건 세상에 없다고 했다. 무언가가 인간의 한 부분을 즐겁게 해준다면 다른 부분에선 그것이 불쾌할 수밖에 없기 때문이다. 이 시대를 대표하는 지성

---

3 《섭리에 관하여》.

블레즈 파스칼도 아리스토텔레스에 동감하며
말하기를, 인간은 참으로 안쓰러운 존재라고
했다. 불안 말고는 다른 이유가 없이 불안에
시달리는 존재이기 때문인데, 이는 그의 본질에
속한다는 것이다. 이처럼 인간의 본질 자체가
괴로움을 부른다 해도 유독 여성에게 그것이
특히 고통스럽고 견디기 힘든 이유는 그들이
처한 상황과 조건이 자연에 반하는 삶의 태도를
강요하기 때문이다. 이를 감내하느라 여자는
남자보다 더 비범한 수준의 의지와 끈기를
발휘하며 살아가는 것이 현실이다. 그들은 더없이
고통스러운 상황 속에서도 스스로 강해지기
위해 자연의 감정을 거스르면서까지 내적 여유와
너그러움을 다지며 산다.

5
변한다는 것에 대하여

변화란 이 세상 만물의 지극히 자연스러운 현상이다. 아리스토텔레스와 아우구스티누스 성인의 가르침에 따르면, 절대 변하지 않는 신의 불변성이야말로 만물의 변동變動을 유발하는 최초의 원인이다. 스스로 변천을 겪지 않되 모든 것을 변하게 만드는 것이다. 자연에 속한 모든 것이 이 원칙을 따른다. 하늘이 움직이고 그 안의 모든 것이 이동하며, 이를 통해 세상이 변한다. 원소 자체가 변하거나 사라지지 않는데, 그것이 모여 이룬 자연은 끝없는 변화의 흐름에 휘말린다.

히포크라테스의 가르침에 따르면, 우리 몸은
자연의 흐름에 따른 다양한 흥분 절차를 거쳐
소진해가기 마련이다. 만약 훈훈해야 마땅한
봄 공기가 차고 건조하면 우리의 신체는 질병과
장애로 이에 반응한다. 자연의 궤도에 혼란이
발생해 우리 몸이 격변을 일으킨다면 그와
유사한 현상이 마음에 얼마나 다양한 변화를
촉발할지 짐작하기 어렵다. 미세한 기분에서
걷잡을 수 없는 격정까지, 인간관계에서
부닥치는 온갖 사건과 사고, 악의와 호의의
소용돌이 속에서 우리의 감정은 무제한의
변화에 노출된다. 기분의 좋고 나쁨이 낮과
밤이 뒤바뀌듯 되풀이된다. 우리는 더없이
아름다운 대상에도 곧잘 질리며, 정작 몸을
지탱하고 버텨줘야 할 영혼이 모순으로 가득
찬 기질에 사로잡혀 격변을 일으키기도 한다.
아우구스티누스 성인은 《고백록》에서 한탄했다.
"우리의 영혼이 기쁨이 꽃피어 나다가도 슬픔이
옥죄어버리는 한 덩이 질료라니, 이 얼마나
기막힐 노릇인가! 아리스토텔레스는 인간의
영혼이 생각하고 갈망하고 사랑하면서 매 순간

변한다 했거늘, 만물의 불안정함을 바라보는
우리 영혼의 흔들림을 어찌한단 말인가."

지금까지 논지를 잘못 이해한 사람은 이런
영혼의 흔들림을 마음의 가벼움과 같은
것으로 간주할지 모르겠다. 그러나 이른바
'변한다는 것'과 마음의 가벼움 사이에는 중요한
변별점들이 가로지른다. 무엇보다 가벼움은 거의
항상 비난받을 만한 결과를 초래하나, 사람이
변한다는 것은 유익하고 때론 필요한 것이기도
하다. 또한 가벼움은 대개 나약한 천성이나
잘못의 결과로 나타날 수 있는 데 반해, 변한다는
것은 그것이 선을 지향하든 악을 지향하든
견고한 이성의 원칙에서 비롯되기 마련이다.
세상에 의롭고 선한 변화가 존재한다는 것은
의심의 여지 없는 진실이다. 죄의 길을 전전하던
범죄자가 개과천선하는 경우를 생각해보라.
마지막으로, 좋아서 변하는 것 이상으로
어쩔 수 없는 변화도 종종 있다. 이는 너무
예민한 사안들에 거리를 두고자 할 때, 불편한
인간관계를 피하고, 깊은 생각 없이 잘못 착안한

방법을 바꾸지 않고서는 애초 계획한 일을
이루어낼 수 없을 때, 도중이라도 부득이 모든 걸
정리하고 변화를 모색해야만 하는 경우이다.

남자들은 제대로 알지 못하고 사례도 들지
못하면서 흔히 여성을 표변하는 존재로
몰아세우기 일쑤다. 여자가 무언가에 마음을
주고 몰입해도 일시적 흥미와 호기심 때문이며,
재미가 없어지면 언제라도 떠날 수 있다고
생각한다. 만에 하나 오래도록 변치 않고 가진
것에 만족하는 모습을 보이면, 그건 막상 떠날
용기가 없거나 마땅한 대안이 보이지 않기
때문이라고 힐난한다. 심지어 어떤 이들은
말하기를, 만약 여자가 남편마저 바꿀 수 있다면
로마인들이 사오 년에 한 번 호구조사를 하고
올림픽을 치른 것처럼, 그리고 매년 집정관을
교체했듯이 남편을 갈아치울 거라고도 한다.
나아가 철학의 시각에서 본다면 변화라는 것이
그 변화의 당사자로서는 어느 정도 비존재적
특성을 보이는 현상이므로 쉽게 변하는 여성은
특히 윤리적으로 존재의 일관성을 가늠하기

어렵다는 주장도 있다.

반론

변한다는 것은 육체적으로 적절하고,
인간관계에선 유용하며, 악덕을 청산하고
미덕의 길로 들어서기 위해 꼭 필요한 과정이다.
그럼에도 특히 여성의 변화는 선악과로 인한
유혹과 결부되어 원초적인 비난의 대상이
되어온 게 사실이다. 변화를 타락의 일종으로,
그리하여 응징의 대상으로 보는 입장이다.
하지만 현실은 어떠한가? 고생으로 점철된
인생을 말없이 그리고 꿋꿋하게 버텨나가는
여자들의 모습을 의심할 남자는 그리 많지
않을 것이다. 만약 변하지 않으면 안 될 어떤
일에 부닥친다면 여자들은 진심으로 그 변화의
폭을 줄이기 위해 노력한다. 여자들의 변화는
결코 가벼움에서 발생하지 않는다. 그들의
올곧은 지조가 고집이나 강요의 결과물이 아닌
것과 같은 이치다. 고집을 부린다거나 강요에

못 이겨 억지로 버티는 태도는 둘 다 비난만
부를 따름이다. 결국 변해야 할 때 변하지
못하는 것이나 버텨야 할 때 버텨내지 못하는
것 모두 마음의 평정과 안정된 삶의 자세가
모자라 벌어지는 현상이다. 세네카가 재치
있게 표현했듯이 올바름을 추구하는 의지가
한결같아도 사람이라면 항상 똑같은 행동만
되풀이해선 안 되는 이유가 거기에 있다.

여성이 자연의 의도에 따라 형성된 존재가
아니라는 주장은 하나의 철학적 사변에 지나지
않는다. 즉 의심할 여지 없는 진리도 아니요,
신앙의 교리는 더더구나 아니라는 얘기다.
누군가는 여자가 부활하려면 근본적인 변화가
필수라는, 성 히에로니무스라든가 둔스
스코투스의 주장을 되풀이할 수도 있겠다.[1]

---

1 성 히에로니무스(347?-420)나 둔스 스코투스Duns Scotus(1265?-1308, 스코틀랜드의 스콜라 철학자) 같은 철학자의 주장에 따르면, 여성은 본질적인 변화를 통해서만 부활할 수 있다. 불완전한 존재인 여성이 부활하려면 여성성을 탈피하여 완벽한 형상, 다시 말해 남성과 같아져야만 가능하다는 논리이다. 반면 남자는 생전 모습 그대로 부활한다.

그러나 만물을 창조한 절대자의 행적은 이런 섬세한 지식인들의 말문을 닫아버린다. 최초의 여자를 손수 지어내심으로써 모든 것의 생성이 결코 우연이 아니며 절대적 필연의 소산임을 이미 증명한 것이나 다름없으니 말이다. 같은 맥락에서, 예수 그리스도는 이른바 여성의 궁극적인 변화와 관련하여 제기될 수 있는 모든 논란을 이 한마디 말씀으로 간단히 종식하지 않았던가. "부활이 예정된 모든 이는 남자 여자 구별 없이 천사와 같아질 것이다."[2] 끝까지 여성의 변화를 매도하면서, 어떻게든 그들을 깎아내리려고 신비의 영역마저 들먹이는 자들은 이 같은 지혜의 말씀 앞에서 그만 할 말을 잃는다.

---

2 〈마태오복음〉, 23장 30절.

6
끈기에 대하여

구원을 갈구하는 신학자들은 무엇보다 삶이 막을 내리기까지 성스러운 은총 속에 꿋꿋이 머무는 태도에서 '끈기'의 본령을 찾는다. 끈기는 구원의 필수 조건이며, 끈기 없이는 구원도 없다. 은총의 향방은 하늘이 정하는 것이어서 그 누구도 조건 없는 자신감 하나로 자신의 끈기를 장담해선 안 된다. 성서에 기록된 대로 "오직 끝까지 견뎌내는 이에게 영광의 왕관이 부여될 뿐이다."[1]

---

1 〈마태오복음〉, 24장 13절.

예로부터 끈기를 가늠하는 몇 가지 양상이
전해 내려온다. 먼저 나약한 마음을 위축시키는
고난과 역경에 흔들리지 않는 심리적 자세이다.
충분한 숙고로 다듬은 계획을 굳건히
지켜나가는 지혜 또한 중요한 기준이다. 끝으로
내일 웃는 자가 되기 위해 당장 힘든 과제를
미루지 않는 실천력이 있다. 명심할 것은 이런
자질이 하늘에서 절로 주어지지만은 않는다는
사실이다. 은총의 영역일지언정 신은 아무 자격
없는 사람에게 특별한 약속을 하지 않는다.

    한편, 철학자들은 끈기를 강함이라는 자질의
일부로 해석해왔다. 요컨대 끈기란 궁극의 힘,
즉 '강함의 완성'이라는 견해이다. 강단 있는
사람이 고생을 마다하지 않고 어렵고 힘든 일에
뛰어든다면, 그 일을 끝까지 밀어붙여 결실을
보는 것은 끈기의 소관이라는 논리다. '끈기'라는
당찬 이름은 힘겨움에 쉽게 반응하는 태도와는
어울리지 않는다. 그것은 먼 길을 걸어 거대한
땅덩어리를 정복하고야 마는 자의 이름이다.

    별로 중요하지 않거나 좋지 않은 일에
집착하는 태도를 끈기와 혼동해선 안 된다.

어디까지나 목적지가 아름다워야 한다. 건강한 형질이 물리적 실체를 구성하듯이 선의에 기반한 끈기는 인간의 행위에 당위를 부여한다.

베르나르도 성인이 말하기를, 굳은 결의 속에서 끈기로 버티는 사람은 신 앞에 꼿꼿이 멈춰선 자와 같다고 했다. 모세가 신 앞에서도 물러남 없이 버텼을 때 이스라엘 백성을 향한 신의 진노는 누그러졌다. 끈기는 끝을 보고야 마는 힘이다. 단단한 바위를 뚫는 물방울처럼, 참다운 끈기는 아무리 힘든 일도 기어이 무릎을 꿇린다.

특히 여성에게 끈기란 유난히 두드러진 자질이라 할 수 있다. 남자들이 거칠고 신속한 작업에 특화한 순발력을 발휘할 때 여자들은 눈에 잘 띄지 않지만 지난한 과제를 끈기로 완수한다. 그런 면에서 스키피오의 딸인 코르넬리아[2]의 인생은 반드시 언급하고 넘어갈 만한 사례에 속한다. 이 유명한 로마 여성은 죽은 남편과의 사이에 열두 명의 자식을 두었는데, 오직 양육에 전념하기 위해 숱한 구혼자들을 물리치고 혼자 살았다. 한데 불행하게도 그중 딸

조제프 브누아 쉬베,
〈그라쿠스 형제의 어머니, 코르넬리아〉(1795)

하나 아들 둘, 단 세 명만 성인이 되고 나머지가
모두 죽는 걸 지켜보아야 했다. 그녀는 귀족
계급을 상대로 개혁을 주도하던 두 아들이
비극적인 최후를 맞았음에도 그 모든 역경에
흔들리지 않고 의연하게 삶을 이어갔다. 그녀는
사람들을 따뜻이 환대하며 교류했고 아버지
스키피오 아프리카누스의 업적과 자식들의
안타까운 죽음을 글로 남기고 기리는 가운데,
눈물과 한숨 따위로 삶을 허비하지 않았다.
이렇게 열심히 살아가는 그녀의 덕망 있는 모습은
모든 로마 여성을 감동시켰으며 어떤 처절한
상황에서도 무너지지 않는 여인의 귀감으로
받아들여졌다.

---

2 코르넬리아 스키피오니스 아프리카나Cornelia Scipionis Africana(BC.190-BC.100). 제2차 포에니 전쟁에서 한니발을 격파한 스키피오 아프리카누스의 둘째 딸. 티베리우스 셈프로니우스 그라쿠스(일명 대 그라쿠스)와 혼인하여 후에 공화정 로마의 호민관이 된 그라쿠스 형제를 키워냈다.

7
여성은 강하고 의로우며 끈기 있다

여성이란 강하거나 의롭지 못하고 끈기가 있는 것도 아니라는 사람들은 "힘과 위엄이 그녀에겐 흔히 걸치는 옷과도 같아 앞날을 흐뭇하게 맞이하리니."라는 〈잠언〉 31장 25절의 지혜를 조금도 이해하지 못하고 있다. 여성의 그러한 미덕을 거론한 곳이 비단 〈잠언〉만은 아니다. 〈집회서〉 26장 2절에 "강한 아내는 남편의 기쁨이자 만족이니, 그는 평화로이 천수를 누리리라."라는 구절도 같은 맥락에서 이해된다. 다리우스 궁정에 머물던 유대인 지도자 스룹바벨[1]은 여성의 힘과 능력에 감동하여 세상에 미치는 그들의 공헌을 이렇게

칭송했다 전해진다. "왕을 낳는 이도 여성이오,
땅과 바다를 경영하는 사람들 역시 그녀에게서
나니, 집을 짓는 자, 전쟁터에 나가 싸우는 자,
논과 밭을 일구고 포도나무를 가꿔 하늘 아래
먹을 것을 거두는 자 모두가 여인에게서 나고
여인의 가르침으로 성장한다. 어디 그뿐이랴,
남자들은 오직 여자들에게 갖다 바치려고 금과
은과 보석을 파내 다듬나니, 그들에게 사랑하는
여인은 부모보다 소중한 존재. 때론 뜨겁게
달아오른 격정을 이기지 못해 미쳐버리거나
노예가 되기도 한다. 세상을 다스리는 임금이
권력을 휘둘러 강하고, 독한 포도주가 사내의
머리를 휘저어 강하다지만, 여성은 그 어느
것과도 비교가 안 될 만큼 강한 존재이다."

성서 〈외경〉(에스드라스 3서)에 기록된 위의
연설이 워낙에 탁월한 지성과 판단을 드러냈기에
다리우스 궁정은 이를 높이 치하했다. 예루살렘

---

1 스룹바벨 Zerubbabel(BC.587-?). 다윗의 후손이며 예수 그리스도의 직계 조상. 바빌론에서 포로 생활을 하던 유대인들을 이끌고 예루살렘으로 귀환하여 성전 재건 작업을 이끈 지도자로 알려져 있다. 스룹바벨은 '바빌론의 자손'이라는 뜻이다.

신전의 재건을 결정하고 많은 수의 유대인을
자유의 몸이 되도록 조처한 것 역시 이와
관련이 있었다. 당시 페르시아의 모든 지식인이
나서서 여성의 가치를 적극 옹호하고 그 진실을
현양했다는 기록까지 있다.

여성의 영웅적 면모는 그 사례가 하도 많아
지금까지 나의 주장을 입증하기에 전혀 어려움이
없다. 하나같이 강단 있고 의지가 굳으며 끈기
또한 대단한 모습들인데, 그 모두 죽음을
넘어서는 차원으로까지 위용을 확대한다.
　구약성서의 〈마카베오기〉에는 유대교를
박해한 안티오코스 왕의 횡포에 굴하지 않고
일곱 아들들과 함께 의연함을 보여준 한
어머니의 일화가 소개되고 있다.[2] 그녀는 전통
율법이 금지하는 돼지고기를 자식들과 함께
억지로 먹도록 강요받았지만 이를 끝끝내
거부했다. 폭군이 직접 나서서 협박해도,
부귀영화를 약속하며 회유해도 소용없었다.

---

2 〈마카베오기〉 하권 7장.

화가 머리끝까지 치솟은 안티오코스 왕은
자식들부터 차례차례 고문하며 죽였지만,
그들은 죽어가면서도 오히려 왕을 조롱하고
질타했다. 무엇보다 자식들의 고결한 의지를
격려하며 그 모든 고통을 버텨내는 여인의
모습이 지혜와 용기로 빛났음을 성서는 기록하고
있다. "아들아, 너에게 당부한다. 하늘과 땅을
바라보아라. 세상을 만드신 분이 그 모두를 어찌
이루셨는지를 명심하여라. 박해자를 두려워하지
말고 형제들의 고귀한 희생에 부끄럽지 않도록
너의 죽음을 의연하게 받아들이거라." 그 밖에도
로마 시대 트라야누스 황제의 기독교 박해가
극에 달했을 때 아들들과 더불어 굳건히 신앙을
지키다 죽음을 맞이한 신포로사, 세베루스
황제 치하의 카르타고에서 온갖 회유를
물리치고 의연하게 원형경기장으로 걸어 나간
페르페투아와 펠리시타….

    이들 용기 있는 여인의 고결한 자세 앞에 감히
무어라 토를 달겠는가? 세상 권력과 부귀영화,
폭군과 고문과 죽음을 초개처럼 여기면서
숭고한 뜻을 지켜간 여인들을 누가 무슨

구실로 나약하다 매도할 것인가? '황금 입을
가졌다' 할 만큼 귀한 가르침을 베푼 요한네스
크리소스토모스[3] 성인은 전쟁이 꼭 남자들만의
전유물이 아님을 깨우쳐준다. 거친 전투를
치르기엔 남자만 한 힘이 부족한 게 사실이지만,
여자들은 용감하게 전쟁터에 나선다. 다름
아닌 이 세상과의 싸움, 때로는 악마와 그리고
인간성을 갉아먹는 모든 어둠과의 대결에서
물러나지 않겠다는 것이다. 육체적인 힘보다
어쩌면 더 강력한 정신의 힘, 마음의 저력이
요구되는 영혼의 전쟁터에서 여성은 남성보다
강하고 의로우며, 끈기 있는 모습을 종종
보여준다.

테오도리쿠스 대왕[4]의 어머니는 강단 있는

---

3 또는 요한 크리소스토모(347?-407). 4세기경에 활동한
초대 교회의 주교이자 신학자. 안티오키아(오늘날 튀르키예의
안타키아)에서 명강론을 펼쳐 '황금'을 뜻하는 '크리소스'와
'입'을 뜻하는 '스토마'가 합쳐진 이 별명을 얻었다. 오늘날
가톨릭교회에서는 '금구金口'라고도 부른다.

4 454-526. 서로마제국이 와해하던 시기에 이탈리아를 포함한
제국 일대를 평정한 동고트족의 성군.

성 요한네스 크리소스토모스 모자이크화
아야 소피아 대성당, 튀르키예 이스탄불

기개를 발휘해 아들의 목숨을 구했다. 대규모
전투에 나선 테오도리쿠스가 적의 위세에 밀려
쫓기는 처지가 되자 그녀는 앞을 막아서며 이렇게
말했다. "아들아, 어디 가느냐? 내가 이렇게 보니
너는 지금 적을 등진 채 두려움을 향해 가고
있다. 당장 고개를 돌리거라. 네가 적을 향해
다가가야 두려움에서 멀어지는 것이다. 만약
네가 계속 그렇게 도망치면 그 치욕의 행태를
방조하느니 이 몸이 벽이 되어 너를 막아설
것이다." 당당한 어머니의 이 불꽃 같은 말씀은
젊은 정복자에게 큰 힘을 불어넣었다. 그 힘을
바탕으로 그는 다시금 분연히 일어나 진열을
재정비한 뒤 전투에 나설 수 있었다.

　스파르타의 공주 킬로니스[5]의 의로운
자세 또한 귀감으로 삼을 만하다. 레오니다스
2세의 딸인 그녀는 아버지가 정적과의 세력
다툼에서 밀려 유배당하자 옥좌에 앉은
남편 클레옴브로토스 2세의 왕비로서 누리게
될 부귀영화를 거부하고 아버지의 고행을

5　기원전 3세기 스파르타의 왕 레오니다스 2세의 딸.

함께하고자 길을 나섰다. 놀라운 점은, 아버지가
권력을 되찾고 옥좌를 다시 차지한 뒤에
배신자인 사위를 응징하려 하자 킬로니스는
지혜로우면서도 간곡한 탄원으로 남편의 목숨을
구했을 뿐 아니라, 이번에는 사형 대신 유배길에
오른 남편의 곁을 지키겠다며 극구 말리는
아버지를 뿌리치고 또다시 고행길에 나섰다는
사실이다. 누구와도 비교 불가능한 이 여인은
안락한 삶에 혹하지도, 감옥과 유배의 위협에
굴하지도 않았다. 그저 아버지의 딸로서 그리고
남편의 배우자로서 지켜야 할 당연한 도리를
결단하고 그 미덕을 실행에 옮겼을 뿐이다.

예로부터 게르만족 여성은 남자들과 함께 전장을
누비는 일이 잦았다. 그들은 남편과 아들들의 곁을
지키면서 부상자를 치료하고 식량을 챙길 뿐
아니라 숭고한 사명감을 일깨움으로써 어려운
상황에서 전세를 뒤집는, 역전의 기폭제가
되어주곤 했다. 이런 연유로 나랏일과 관련하여
중대한 결정을 내릴 때에도 여성의 의견을
진지하게 참고하는 것이 관례로 통했다. 게르만

전사들은 여자들에게 비싼 가구나 화려한 옷가지보다는 적에게서 탈취한 군마와 창검을 전리품으로 갖다 바치는 것을 가장 큰 선물로 여겼다.

고대 스웨덴 왕국이나 아비시니아, 즉 에티오피아 여성들은 직접 무기를 들고 전쟁터에 나가 싸웠던 것으로 전해진다. 그들은 활과 창검을 남자 못지않게 잘 다루었다. 델리와 나르신지, 모노토파 등 옛날 인도의 왕국들에서는 모든 여자가 말 타는 기술과 각종 무기 다루는 법을 전쟁에 필요한 기본 교육으로 이수했다. 각국의 왕을 경호하는 핵심 인력은 여전사들이었으며, 전시는 물론 평화 시에도 이들 경호대가 항상 왕의 안위를 책임졌다.

이런 명백한 사례들이 있음에도 불구하고 감히 누가 여성을 나약하고 가벼우며 변덕이 심한 존재라 매도할 수 있을까? 강단과 의지, 끈기로 살아가는 여성이 세상엔 의외로 많아, 스스로 대단하다고 자부하는 남자가 그들을 쉽게 능가하지 못한다. 여성이란 존재에게 기적 같은 운명을 쥐여준 건 신의 오묘한 뜻이어서, 자연은 아낌없이 그 몸과 마음에 고귀한 미덕이 깃들게 한다. 성서에 나오는 '한나의 노래'가 바로 그 신비스러운 이치를 들려준다. "용사들의 활은 부러지고, 비틀거리는 이들은 힘으로 허리를 동여매나니."[6]

---

6 〈사무엘상〉, 2장 4절.

결론

이제 나는 성서가 전하는 의미심장한 메시지가
무엇인지를 생각하면서 이 길지 않은 글을
마무리할까 한다. 그리스도는 그 성스러운
삶을 살면서 여성을 무시하거나 매몰차게 대한
적이 없다. 그가 자신을 보러 오는 모든 여성을
얼마나 따뜻하게 맞이했는지는 복음서를 조금만
들추어도 쉽게 확인된다. 딱 한 번, 가나안
여자를 내치는 듯한 장면은 그녀의 신심과 딸의
치유를 더욱 값져 보이도록 하기 위함이었다.[1]
그는 바리사이파 명망가의 불만을 물리치고 어느
죄지은 여인의 순수한 마음을 치켜세워주었다.[2]
또한 율법 학자들의 공격으로부터 간음한

여자를 보호해주기도 했다.[3] 제자들이 우려를
표명하는 가운데서도 그는 사마리아 여인과
장시간 이야기를 나누었다. 과부의 슬픔을
위로하며 그 죽은 외아들을 살렸는가 하면,[4]
안식일에 수많은 군중에 둘러싸인 상태에서
조금도 망설임 없이 십팔 년간 불구로 지내온
한 여인의 병을 고쳐주기도 했다.[5] 백인대장의
하인을 말씀 한마디로 낫게 하신 분이 죽어가는
열두 살 소녀를 살리기 위해서는 먼 길을
마다하지 않고 달려갔다.[6]

성서 어디를 살펴보아도 여성의 말과 행동이
그리스도의 심기를 어지럽혔다는 이야기를 찾을
수 없다. 세상에 머물던 성스러운 기간 내내
예수를 손가락질하고 모략하고 박해한 것은

---

1 〈마태오복음〉, 15장 21-28절.
2 〈루카복음〉, 7장 36-50절.
3 〈요한복음〉, 8장 1-11절.
4 〈루카복음〉, 7장 11-17절.
5 〈루카복음〉, 13장 10-17절.
6 〈요한복음〉, 4장 46-54절. 〈마르코복음〉, 5장 21-43절.

에이로 예르네펠트, 〈예수와 죄지은 여인〉(1908)

군주와 관리, 율법 학자들이지, 그의 기적과
가르침을 충실히 믿고 따른 여인들이 아니었다.
모두 알다시피 흠모하는 스승의 수난과 죽음
앞에서 제자들이 도망칠 때 여인들이야말로
신실한 제자이자 열정 어린 '연인'의 자세를
잃지 않았다. 심지어 예수를 처형한 폰티우스
필라투스의 아내조차 "그 의로운 사람을 해치지
말아달라."며 남편에게 호소했다는 기록은 무얼
의미할까?[7] 남자들의 무지와 폭력이 '죄 없는
이'의 얼굴을 피범벅으로 만들 때 그 아픔과
상처를 수건과 눈물로 보듬은 것은 베로니카와
같은 여인의 마음이었다.

---

7 〈마태오복음〉, 27장 19절.

비가 悲歌

안타깝다 여성이여, 최초의 아버지
아담의 잘못을 고스란히 떠안아,
자유를 빼앗겼네, 고단한 인생,
무시만 당해온 암담한 처지로다.
남정네의 사랑놀음 네게 무슨 의미일까?
흐르는 세월 속에 허망한 애정일 뿐,
그들은 결코 너의 행복 목매지 않아,
그런 척만 할 뿐, 마음을 주진 않지.
여자 혼자 빛나게 해줄 바엔,
차라리 기억에서 영영 지워버려,
매정한 망각 속에 영원히 가둘 것을.
그들이 바라는 건 과하지 않은 눈치,

부르기 전엔 얌전히 묻혀 있기를.
지식은 금할 수 없는 자산,
그걸 드러내면, 욕먹어야 하나?
똑똑한 여자들 괴물 취급받는 요즘,
길쌈이나 하면서 만족하란 얘기.
글이면 글, 말이면 말 탁월할진대,
재능을 발휘하려 애쓰지 말라는 뜻.
그것이 여자답고, 그것이 조신하니,
여자들은 항상 침묵 속에 거할 것.
어디 그뿐이랴, 생각 없는 남자들
툭하면 헐뜯는 말들 뱉어내는데,
"바람처럼 가볍기로 여자만 한 존재 없어,
그 연약한 영혼으로 무얼 이루리오?
허구한 날 정신은 허영에 들떠,
사랑놀이 말고는 관심이 없으니.
그저 바람에 흔들리는 갈대일 뿐,
남자들 없인 살아갈 수 없을 터."
여자로서 이 모든 망발 듣고 있자니,
쌓이느니 분통이오, 터지느니 한숨이로다.

찬가讚歌

여성이라는 곱고 아름다운 존재,
아무리 불행해도 사랑스럽구나.
배우지 못하고 권력이 없어도,
자유를 빼앗겨 큰일을 못 해도,
총명함만큼은 누구도 부럽지 않아,
재능과 역량 스스로 갈고 다듬어,
결점을 극복해, 미덕을 품는다.
잘못을 저질러도 무너지지 않아,
신 앞에 더욱 분발할 따름이라,
그렇게 여성은 발전을 거듭하여,
간절한 뜻이 하늘에 닿으리니,
누가 감히 여성의 몽매를 탓하랴,

하늘의 뜻이 그녀의 뜻인 것을.
뛰어난 정신력은 마법과도 같아,
옛것과 새것을 하나로 깨치니,
그것이야말로 영웅적인 자질,
드높은 공덕으로 여성을 이끌어,
나랏일 돌보는 관리를 못 할까,
전장을 누비는 전사가 못 될까.
경찰을 지휘하고 치안을 다스려,
시시비비 가려 공정을 구현하고,
도발을 벌함으로 혼란을 수습하니,
홀笏을 틀어쥐고 왕관을 올려 쓴 자,
그대는 아마조네스, 여전사가 아니던가!
하지만 남자들 계획은 그게 아니야,
자기들 은밀한 속내 다스려주길 바라지.
사랑이 판치는 그곳은 여인의 제국,
아리스토텔레스 가로되, 무릇 남자란
저마다의 여인을 가슴에 모시는 법,
달콤한 상처 하나 간직하지 않은 자,
세상 살아가는 남자라 할 수 없어.
땀 흘려 이루니, 여자를 차지함이요,
열심히 깨치니, 사랑하는 방법이라네.

오로지 여자의 마음에 들고자
부와 명성, 칼과 펜을 휘두르나니,
대大 카토께서도 이르기를, 보라,
원로의원보다 좋은 남편이 더 귀하노라.[1]
그러므로 애교도 지략도 없는 여성이
남자의 마음을 사로잡았다면,
그만의 속 깊은 매력 갖추었다는 뜻.

내가 만약 절절한 필치로 여성을 묘사했다면,
내 자랑 한번 멋들어지게 펼쳐 보였을 것을.

---

[1] 플루타르코스, 〈검열관 카토의 생애〉 29장, 《영웅전》.

연보를 대신하여

가브리엘 쉬송은 1632년 12월 24일 프랑스 부르고뉴 지방 스뮈르앙녹수아Semur-en-Auxois에서 태어나 1703년 3월 5일 디종Dijon에서 숨을 거두었다. 귀족 가문 출신의 아버지와 부유한 지주 집안 출신 어머니 아래서 유복한 어린 시절을 보냈으나, 열세 살이 되던 해에 아버지의 사망으로 가세가 기울면서 원치 않았던 수녀원 생활을 하게 되었고, 이는 30여 년 동안 계속되었다. 이후 교황청을 상대로 수녀 서원을 철회해달라는 청원을 제출해 결국 받아들여졌고, 마흔한 살에 자유의 몸이 되어 세속인으로서 새로운 인생을 시작했다.

그녀는 디종에 삶의 터를 잡고 자발적인 독신
생활을 꾸려가는 한편, 아이들을 가르치며
책을 읽고 글을 쓰는 가운데 고독하지만 내적
평화로 충만한 삶을 이어갔다. 이 시기에 그녀는
성서를 비롯하여 고대 그리스 철학과 스콜라
철학 및 당대의 사상들을 순전히 독학으로
섭렵해나갔다. 그 결과, 1693년에 《윤리와
정치에 관한 논고》와 《여성은 나약하고 가볍고
변덕스럽다는 속설에 대한 반론》을, 1700년에
《자발적 독신에 대하여》를 발표했다. 특히
《자발적 독신에 대하여》에서는 ('신에 봉사하며
타인을 돕고 자기 수양에 전념하는 독신 여성'이라는 뜻의)
'중립론자Neutraliste'라는 신조어까지 만들어내,
결혼제도에 구속받지 않는 급진적인 여성상을
제시했다. 가브리엘 쉬숑의 고독한 저술 활동은
당대에 큰 주목을 받지 못했으나 1970년대에
재발견되기 시작해 1990년대에 들어와 시몬 드
보부아르의 선구자로 본격적인 조명을 받았다.
2003년에는 사후 300주년을 기념하여 고향인
스뮈르앙녹수아에 그녀 이름을 딴 거리[Rue
Gabrielle Suchon]가 조성되었다.

여성은 나약하고 가볍고 변덕스럽다는 속설에 대한 반론

2025년 8월 5일 초판 1쇄 발행

지은이	가브리엘 쉬숑
옮긴이	성귀수

펴낸곳	도서출판 아를
등록	제406-2019-000044호 (2019년 5월 2일)
주소	10881 경기도 파주시 문발로 139, 407호
전화	031-942-1832
팩스	0303-3445-1832
이메일	press.arles@gmail.com

© 성귀수 2025
ISBN 979-11-93955-10-9 03100

이 책은 저작권법에 의해 보호받는 저작물이므로 무단 전재와 복제를 금합니다.
이 책 내용의 전부 또는 일부를 이용하려면 반드시 저작권자와 도서출판 아를의
서면 동의를 받아야 합니다.

• 책값은 뒤표지에 표시되어 있습니다.
• 잘못된 책은 구입하신 서점에서 교환해드립니다.

아를ARLES은 빈센트 반 고흐가 사랑한 남프랑스의 도시입니다.
아를 출판사의 책은 사유하는 일상의 기쁨, 아름다움을 발견하는 즐거움을 드립니다.
◦ 페이스북 @pressarles ◦ 인스타그램 @pressarles ◦ 트위터 @press_arles